U0139378

羅門創作大系〈卷六〉

題外詩

羅門◎著

文史哲出版社印行

國立中央圖書館出版品預行編目資料

題外詩 / 羅門著. -- 初版. -- 臺北市 : 文史哲, 民84
面 ; 公分. -- (羅門創作大系 ; 6)
ISBN 957-547-946-7(平裝)

851.486　　　　84002952

羅門創作大系 ⑥

題外詩

著者：羅門
出版者：文史哲出版社
登記證字號：行政院新聞局局版臺業字五三三七號
發行人：彭正雄
發行所：文史哲出版社
印刷者：文史哲出版社
台北市羅斯福路一段七十二巷四號
郵撥〇五一二八八一二彭正雄帳戶
電話：三五一一〇二八
實價新台幣二二〇元
中華民國八十四年四月十四日初版

ISBN 957-547-946-7

誠以這系列中的十本書，做為禮物，獻給同我生活四十年、在創作中共同努力、給我幫助最大的妻子——女詩人蓉子。

每當我讀她的「一朵青蓮」與「維納麗沙組曲」等詩，那是我同其他詩人都無法只靠技巧與文字所能寫的詩——那是在人類高次元的情思世界中、以特有的內在生命機能與心靈纖維，所編織的具體可知、可感、可見的「雅典」「純摯」與「高潔」的情境，蘊含有宗教性的虔誠，在開放的內心感應磁場中，我的感動確實是超越常情與私情的；純粹是站在「詩」與「人」溶合的「天地線」上，所引起的；也不必在此故意隱瞞，因而，我這十本書，便不只是獻給我親愛的妻子——王蓉芷，也是獻給我敬愛的女詩人——蓉子。同時更是獻給所有愛護與關心我的讀者大眾，給我更多的批評與鼓勵，

羅　門

策畫者的話

◉林燿德

規畫這套書的目的，在於呈現羅門四十年來詩與藝術創造世界的完整藍圖。

從一九五四年在紀弦主編的《現代詩》上發表〈加力布露斯〉開始，羅門殫精竭力於建築自己龐碩的精神世界，發展獨樹一幟的「第三自然觀」，不僅以結構嚴謹、氣勢磅礡的詩作享譽於海內外，也在文學的哲學、藝術的批評乃至室內造型設計方面有長久的經營。

在四十年的光陰中，有些出版品早已絕版多時，為了集中展示羅門的精神原貌，提供現代詩研究者及愛好者參考品賞，《羅門創作大系》這種系列式的整編自有其必要。

卷一至卷六等六冊是按主題區分的詩集；卷七集中了關於〈麥堅利堡〉這首名作的迴響；卷八是記錄羅門思想的論文集；卷九是藝術評論集；卷十以匯集了燈屋的造型空間設計以及羅門與蓉子多年來的藝文生活影像。

一九九五年是羅門、蓉子結縭四十周年紀念，這套大系的編印在此時推出，也因而別具意義。

一九九五年三月十四日於臺北

羅門創作大系〈卷六〉

題外詩 目次

附 錄

總序：「我的詩觀與創作歷程」

壹、我的詩觀

一、詩在人類世界中的永恆價値

關於「詩」，這一被認爲是人類生命與心靈活動最靈敏、深微、極緻與登峰造極的思想力量；也是人類智慧的精華；甚至被認爲是藝術家、文學家、哲學家、科學家、政治家、宗教家乃至「神」與「上帝」的眼睛，那是因爲「詩」具有無限與高視力的靈見，能看到世界上最美、最精彩乃至永恆的東西。故曾有不少著名人物讚言過「詩」：

·孫星衍的《孔子集語集解》說：「詩，天地之心，君德之祖，百福之宗，萬物之戶也。」

（太平御覽八百四引詩緯含神霧）。

·亞利斯多德說：「詩較歷史更有哲學性，更爲嚴肅……」「詩有助於人性的倫理化」

（顏元叔教授譯的「西洋文學批評史」二二頁與三六頁）。

·法國詩人阿拉貢說：「詩，不是天國的標誌；詩就是天國。」（我個人早年的讀書筆記）

·杜斯妥也夫斯基說：「世界將由美來拯救」（張肇祺教授著的「美學與藝術哲學論」

集三一頁）。此處提到的「美」字，使我想到詩將生命與一切推上美的巔峰世界這一看法時，那不就是等於說「世界將由詩來拯救」。

·美前故總統肯迪也認爲詩使人類的靈魂淨化。

事實上，詩在昇華與超越的精神作業中，一直是與人類的良知、良能、人道、高度的智慧以及眞理與永恆的感覺連在一起的，故「有助於人性的倫理化」以及在無形與有形中，「將拯救這個世界」與人類；並使這個世界與人類，活在更美好的內容與品質之中。

誠然在這個世界上，若沒有詩，則一切的存在，都只是構成現實世界中的種種材料，譬如自然界中的山只是山，水只是水，都只是構成「自然界」種種材料性的物體；人的世界中，從事各種行業的人，都只是構成「現實生活世界」有不同表現與成就的各種個體，尙不能獲得其內在眞正完美與超越的生命。這也就是說，若沒有詩，一切存在便缺乏美好的境界；陶淵明筆下的「採菊東籬下」，便像普通人採菊東籬下一樣，只是止於現實中一個有限的存在現象，不會聯想到「悠然見南山」的那種超物與忘我的精神境界，而擁抱到那與整個大自然共源的生命，超越時空而存在；王維也不會在觀看「江流天地外」，正在出神時，進入「山色有無中」的那種入而與之俱化的境界，而擁抱無限。

可見詩是賦給人存在的一種最卓越的工具，幫助我們進入一切之內，去把握存在的完美性與無限性。因此，詩也是使一切進入其存在的「天國」之路，如果這個世界確有眞正的「天國」。我深信，當存在主義思想在二十世紀對生命的存在，有了新的覺醒與體認，對上帝的存在提出質疑，人類若仍堅持信上帝、神與天堂是人類生存所企望與嚮往的世界；是宇宙萬物生命的永恆與完美的象徵，尚可將一切導入永恆與完美的位置——「天堂」，則詩人超越的心靈工作的過程與完成，便正是使一切轉化與昇華到這一類同的世界裡來，還有誰較詩人更具有那種高超特殊的智慧與才能，能確實去執行那眞正存在於人類內心中的華美的「天堂」之工作呢？事實上，一個偉大的詩人，在人類的內心世界中，已被認明是一個造物主，它不但創造了「生命」，而且擴展與美化了生命存在與活動的無限境界，並創造了內心另一個華麗壯闊的精神「天堂」。同上帝的「天堂」相望。

的確，詩人在人類看不見的內心世界中創造了多項偉大不凡的工程：

1. 創造了「內心的活動之路」

詩人在創作的世界中，由「觀察」至「體認」至「感受」至「轉化」至「昇華」的這條心路，不但可獲得作品的生命，而且也可使萬物的存在獲得內在無限美好與豐富的生命。

譬如當詩人看到一隻棄置於河邊的鞋時，經由深入的「觀察」、「體認」與「感受」這條心路，而聯想到那是一隻船，一片落葉，便自然使鞋的存在立即「轉化」且「昇華」爲對內在生命活動的觀照與無限的感知——顯示出存在的流落感與失落感，進而揭發時空與生命之間被割離的悲劇性，而引起內心的驚視與追思，於是那隻沒有生命的「鞋」，便因而變成爲一個具有生命的存在了；又如，當詩人看到一隻廢棄在荒野上的馬車輪，由於他的靈視能超越一般人只能看到的材料世界（只是一隻破車輪），進而透過詩中的「觀察」、「體認」、

「感受」、「轉化」與「昇華」，這一「內心的活動之路」，便深一層看到那隻馬車輪，竟是轉動萬物的輪子，也是一條無限地展現在茫茫時空中的路——從它輪子上殘留下來的泥土看，可看到它通過無限空間所留下的痕跡與聲音，從它輪子上生銹的部份看，可看到與聽到它通過無限時間所留下的痕跡與聲音；當它此刻停放在無邊的荒野上，被詩人望成一種路，這種「路」，便絕非是現實世界中看到的具形與有長度的「路」，而是向內「轉化」與「昇華」爲萬物生命在時空裡無終止地逃奔與流浪的那種看不見起點與終點、也難指出方向的「路」——展示於靈視世界中的「路」，這種「路」，是呑納所有的鞋印輪印以及一切動向與涵蓋千蹤萬徑的「路」，引人類朝著茫茫的時空，走入了深深的「鄉愁」，因而觸及那含有悲劇性與震撼性的存在的思境，獲得那「轉化」與「昇華」過後的更爲深入與富足的存在境界。又如詩人T.S.艾略特面對黃昏的情景，聯想成「黃昏是一個注進麻醉劑躺在病床上的病人」，那便是將「黃昏」這一近乎抽象的時間視覺形態，置入深入「觀察」、「體認」與「感受」中，「轉化」與「昇華」爲具有神態與表情的生命體而存在了，使我們可想見到整個大自然的生命，在此刻已面臨沉落與昏迷之境，而產生無限的感懷；又譬如詩人在面對死亡，寫出了「你是一隻跌碎的錶，被時間永遠解雇了」，詩中「跌碎的錶」，它將去記錄那一種形態的時間呢？詩中的「被時間解雇了」的生命，它將到那裡去再找工作呢？它將是何種形態的生命？沿著內心的追問，我們便的確可聯想到那消失於茫茫時空中仍發出強大迴聲的悲劇性的生命了，因而覺知到「死亡」竟也是一個感人的強大的生命體，這與詩人里爾克筆下

「死亡是生命的成熟」，是一樣耐人尋味了。

又譬如當現代詩人寫下「群山隱入蒼茫」，或寫下「凝望較煙雲遠」，其詩句中的「蒼茫」與「凝望」，原屬爲沒有生命的抽象觀念名詞，但這個名詞，在詩中經過詩人藝術心靈的轉化作用，便不但獲得其可以用心來看的生命形體，而且也獲得其超物的更可觀的存在了。

從以上所列舉的詩，可見萬物一進入詩人創造的「內心活動之路」——由「觀察」至「體認」至「感受」至「轉化」至「昇華」，則那一切便無論是否有生命（乃至是觀念名詞）都一概可獲得完美豐富甚至永恆存在的生命。因而也可見詩人的確是人類內在生命世界的另一個造物主。

2.詩人創造了「存在的第三自然」

首先，我們知道所謂「第一自然」，便是指接近田園山水型的生存環境；當科學家發明了電力與蒸氣機等高科技的物質文明，開拓了都市型的生活環境，自然界太陽自窗外落下，電氣的太陽便自窗內昇起，再加上「人爲」的日漸複雜的現實社會，使我們便清楚地體認到另一存在的層面與樣相——它便是異於「第一自然」，而屬於人爲的「第二自然」的存在世界了。

很明顯的，第一自然與第二自然的存在世界，雖是人類生存不能逃離的兩大「現實性」的主要空間，但對於一個探索與開拓人類內在豐富完美生命境界的詩人與藝術家來說，它卻又只是一切生命存在的起點。所以當詩人王維寫出「江流天地外，山色有無中」、艾略特寫出「荒原」，我們便清楚地看到人類活動於第一與第二自然存在世界中，得不到滿足的心靈，是如何地追隨著詩與藝術的力量，躍進內心那無限地展現的「第三自然」而擁抱更爲龐大與豐富完美的生命。詩人王維在創作時是使內心與「第一自然」於和諧中，一同超越與昇華進入物我兩忘的化境，使有限的自我生命匯入大自然龐大的生命結構中，獲得無限；詩人艾略特在創作時，是與第一或第二自然於衝突的悲劇感中，使「生命」超越那存在的痛苦的阻力，而獲得那受阻過後的無限舒展，內心終於產生一種近乎宗教性的執著與狂熱的嚮往——這種卓越的表現，它不就是上帝對萬物存在於完美中，最終的企盼與祈求嗎？的確，當詩人的心靈活動，一進入以美爲主體的「第三自然」，便可能是與「上帝」華美的天國爲鄰了；同時我深信，只有當人類的心靈確實進入這個以「美」爲主體的「第三自然」，方可能擁抱生命存在的深遠遼闊與無限超越的境界；方可能步入內在世界最後的階程，徹底了解到「自由」、「眞理」、「完美」、「永恆」與「大同」的眞義，並認明「人」與「自然」與「神」與「上帝」終歸是存在於同一個完美且永恆的生命結構之中，而慧悟湯恩比心目中的「進入宇宙之中、之後、之外的永久的眞實的存在」之境，便也正是無限高超的輝煌的詩境。

當我們確認詩人創造了「存在的第三自然」，事實上也就是說，沒有「第三自然」，詩人便也沒有工作之地了，因爲「第三自然」是確實品管著詩人語言媒體中的「名詞」、「動詞」與「形容詞」是否能達成詩的要求，進入詩的世界。

譬如「窗」、「落葉」、「天地線」等停留在說明中的名詞，經聯想轉化使「窗」成爲是「飛在風景中的鳥」；「落葉」成爲是「風的椅子」；「天地線」成爲是「宇宙最後的一根弦」，方能出現詩。而此刻取代「窗」「落葉」「天地線」而更生的「鳥」、「椅子」、與「弦」，便只能在「第三自然」中出現，被詩眼看見，在「第一自然」與人爲的「第二自然」是不會出現的。同樣的，柳宗元將本應是獨釣寒江魚的「魚」這一名詞，在詩中轉化爲「雪」，寫成「獨釣寒江雪」，則這句詩便非寫給魚老板看，而是給哲學家看，因爲他釣的是整個大自然孤寂荒寒的感覺。當然「雪」這個名詞，既不是「第一自然」山上的雪，也非「第二自然」冰箱裡的雪，便又只能在「第三自然」中出現，被詩眼看見，收留在詩中。

又譬如在視覺世界中我們用「看」這個動詞。當飛機飛在雲上的三萬呎高空，宇宙間神秘無比廣闊無限的景觀與畫面，若只平面用「看」是「看」不出來的，即使進一步用「讀」這一使眼睛有思想與立體視感的動詞，取代「看」，也「讀」不出來，只有以「跪下來看」，方能充份表現出內心對浩瀚宇宙所流露的那種無限虔敬與膜拜的感動之情，讓「跪下來看」的「看」這一動詞，進入N度空間便「動」出那有表情與神態的無限感人的「動」境。而當「看」改成「跪下來看」，也只能在「第三自然」方會出現，被詩眼當做詩的「動詞」收留下來。同樣的，在聽覺世界中，詩人張說寫「高枕聽江聲」用「聽」這個動詞，被大詩人杜甫換上一個也含有聽覺的「遠」字這一動詞寫成「高枕遠江聲」，便造成何等不同的聽覺世界，張說寫的仍停留在散文平面說明的聽感世界——就是睡在枕頭上聽江水流動的聲音；而杜甫以「遠」字取代「聽」「聽」的世界不但隱藏著江水流動的遠近距離感而且尚有景物移動變化的情景以及人陷入往事不堪回頭與茫茫時空中的悵惘之感；如此，聽覺的世界，豈不呈現出立體乃至N度更豐富與開闊的空間。當然這個「遠」字取代「聽」字的聽覺也正是存在於「第三自然」之中，被詩眼看見收留下來的。

再下來如「形容詞」，古詩人寫「白鳥悠悠下」，用「悠悠」這個形容詞，眞是把美的白鳥，不但在飛中送進最幽美且鳴動著音韻的軌道，而且整個過程也美，白鳥也因「悠悠」的形容詞便更美得不可思議了，而這也都是在「第三自然」中被詩眼掃描進來的。如果寫「白鳥飄飄下」，用「飄飄」這一形容的動態，則不但飛的形態散漫不美，並將本來美的白鳥，反而變醜了。當然被詩眼監視的「第三自然」，是不會讓「飄飄下」這樣平庸不美的「形容詞」裝設在白鳥翅膀飛進來的。

的確「第三自然」已被視爲是無所不在的「詩眼」，一方面幫助人類在無限超越的內在世界中，進入美與永恆的探索；一方面監視與品管著詩人手中使用的名詞、動詞與形容詞三個重要的創作媒體與符號。同時「第三自然」所建構的無限廣闊與深遠的心象世界，更是所有詩人乃至所有藝術家永久的故鄉與「上班」的地方。

3.詩人創造了一門生命與心靈的大學問

譬如科學家面對「海」的存在，是在研究海存在的物理性——海的水質、鹽份、海的深廣度、海的產物、海的四季變化等。而詩人則多是坐在海邊觀海，把海看到自己的生命裡來，把自己的生命，看到海裡去；看到海天間的水平線，便發覺那是「宇宙最後的一根弦」；看到海上一朵雲在飄，便聯想「雲帶著海散步」，悠哉遊哉，畫面便也跟著顯映出王維與老莊來；凝望著海圓寂的額頭，便會聯想到哲人愛因斯坦與羅素等人的額頭；將藍藍的海，看成宇宙的獨目，又倒轉來看人類的眼睛，最多望了百餘年，都要閉上，而海的眼睛，卻望了千萬年仍在望——望著人類的鄉愁、時空的鄉愁、宇宙的鄉愁、上帝的鄉愁；更神妙的，是浮在海上的那條天地線，幾千年來，一直不停的牽著日月進進出出，從未停過；而海也一直握著浪刀，一路雕過來，把山越雕越高，一路雕過去，把水平線越雕越細，此時，難怪王維要把「山色有無中」的境界在詩中說了出來。由此可見詩的確是探索與創造那埋在事物與生命深處的一門奧秘的「美」的學問。

從詩人在上面所提供的多項重大創造中，我們可看出詩的確是使人類與宇宙萬物的存在，獲得一種無限的延伸，一種有機的超越，一種屬於「前進中的永恆」的存在；同時也說明詩人終歸是在「上帝」的眼睛中爲完美與豐富的一切工作的，尤其是當諾貝爾文學獎得主海明威喊出了這是迷失的一代；現代史學家湯恩比認爲人類已面臨精神文明的冬季，則詩人的存在，便更是人類荒蕪與陰暗的內在世界的一位重要的救主了；並絕對地形成人類精神文明的一股最佳且永遠的昇力，將人從物化的世界中救出來，尤其是在廿世紀後現代掀起解構與多元化的理念，導致泛方向感與泛價值觀所形成失控與散落的生存亂象，也更有賴詩在超越與昇華中的開放的視野與統化力，穿越各種變化的時空環境資訊與符號，於「無形中」提供一開放的新的一元性，來協和「心」「物」進入一個新的美的中心，再度在詩所創造的人類內心的「第三自然」世界②呈現人本與人文精神新的形而上性，使世紀末「存在與變化」的飄忽不定的生存現象面的內層，仍潛伏著一種穩定的有方向感的「前進中的永恆」的思想動力，維護人類繼續對生存有信望有意義有理想目標與有內心境界的優質化生命觀。

在廿世紀，我們雖難阻止科技的威勢繼續不斷的向未來不可知的物理世界開展，並具威脅性地佔領人類的人文與心理空間，但機器仍是由人主控的。人不能失去內心空間，屈服於科學的「帝國主義」；沒有詩與藝術，科學會變得粗卑與野蠻。人文思想如果被科技文明擊敗，則人在玩電腦，便也反過來被電腦玩。那時候，人追索的是「機器的兔子」，而非人的生命；人被迫逃離人內在生命的原鄉，這一波鄉愁較都市日光燈望著由田園菜油燈所產生的鄉愁更為激烈，是故，人不能不醒覺的讓溫潤的詩心與人文思想進駐入機器冷漠的心裡去；也就是在科技創造外在的「玻璃大廈」的同時，更以詩與藝術的心靈，建造起內在世界更為豪華與輝煌的「水晶大廈」，這樣，既可避免人類成為追索物質文明的動物與野獸，又可使人類活在有外在花園也有內在花園的理想世界中。

寫到這我想採取較捷便與快速的途徑，在最後重點地摘錄部份我過去寫的「詩話」，來凸現出「詩」在過去、現在與未來，在人類生命存在以及思想與智慧活動的世界中，永遠具有卓越無比的價值。

·作官與做生意的，往往只能使我們在陶淵明的「東籬下」，採到更多的「菊花」，但看不見「東籬外」更無限的「南山」；而詩能夠。

• 詩能將人類從「機械文明」與「極權專制」兩個鐵籠中解救出來，重新回歸大自然原本的生命結構，重新溫習「風」與鳥的自由。

• 詩能將人類與一切，提昇到「美」的顚峰世界。①

• 詩能以最快的速度與最短的距離，進入生命存在的眞位與核心，而接近完美與永恆。

• 詩創造的美的心靈，如果死亡，太陽與皇冠也只好拿來紮花圈了；在我看來，詩已成爲一切完美事物的鏡子，並成爲那絕對與高超的力量，幫助我們回到純粹生命的領地。

• 詩與藝術能幫助人類將「科學」與「現實世界」所證實的非全面性的眞理，於超越的精神作業中，臻至生命存在的全面性的「眞理」。

• 詩在超越與昇華的美中，可使時間變成美的時間，使空間變成美的空間，使生命變成美的生命，使各種學問思想（包括科學、哲學、政治、文學與藝術）在最後都變成美的學問思想。

• 如果說在人類的生存空間內，優良的政治是硬體設備，則詩與藝術便是美好的軟體設備，更値得珍視。

• 古今中外，所有偉大的文學家與藝術家，他們雖不一定都寫詩，但他們不能沒有卓見的「詩眼」，否則在創作中便不可能看到精彩的東西，也不可能卓越與偉大，其實，他們都是不寫詩的詩人。

• 詩是人類精神世界的原子能、核能與微粒子。

·詩在無限超越的N度空間裡追蹤「美」，可拿到「上帝」的通行證與信用卡。

·詩是打開智慧世界金庫的一把金鑰匙，「上帝」住的地方也用得上。

·詩與藝術創造人類內心的美感空間，是建造天堂最好的地段。

·如果神與上帝眞的有一天請長假或退休了，那麼在人類可感知的心靈之天堂裡，除了詩人與藝術家，誰適宜來看管這塊美麗可愛的地方呢？

·如果世界上確有上帝的存在，則你要到祂那裡去，除了順胸前劃十字架的路上走；最好是從悲多芬的聽道，米開蘭基羅的視道，以及杜甫、李白與里爾克的心道走去，這樣上帝會更高興，因爲你一路替祂帶來實在好聽好看的風景。

·詩與藝術不但是人類內在生命最華美的人行道，就是神與上帝禮拜天來看我們，祂也是從讚美詩與聖樂裡走來的。

·將詩與藝術從人類的生命裡放逐出去，那便等於將花朵殺害，然後來尋找春天的定義。

·太空船可把我們的產房、臥房、廚房、賬房與焚屍爐搬到月球去，而人類內在最華美的世界，仍須要詩與藝術來搬運。

·世界上最美的人群社會與國家，最後仍是由詩與藝術而非由機器造的。

·沒有詩與藝術，人類的內在世界，雖不致於瘂盲，也會丟掉最美的看見與聽見。

·如果詩死了，美的焦點，時空的核心，生命的座標到那裡去找？

·「詩」是神之目，「上帝」的筆名。

從上述的這些「詩話」中，我相信不但可看見「詩」在人類生存世界中所凸現的可觀價值，甚至可呼吸到詩在我們人類生命中無比的重要性，離開詩，便事實上等於是離開了那具有豐富、美好內容的「人」與世界。同時也可看出我執著地寫了四十年的詩，仍要堅持下去，是有充份的理由的——寫詩這件具有宗教性的嚴肅的心靈作業，對我已不只是存在於第一層面的「興趣」問題，也不只是玩弄文字遊戲；而是對存在深層價值與意義的追認，令使我以生命來全面的投入與專注的問題。誠然，詩已成爲我企圖透過封閉的肉體存在，向內打開且建立起那無限透明的生命建築。人的生命，在我看來已是一首活的詩：人從搖籃到墳墓的整個過程，是詩的過程；人整個存在與活動的空間，是詩的活動空間；人整個活動的形態，也是詩的活動形態。的確詩能確切地透視與監控著一切在「美」中存在。

二、詩的創作世界

(一)詩創作世界的基本認定

我認爲詩不同於其他文學類型的創作，是在於：

1. 詩的語言必須是詩的，具有象徵的暗示性；具有言外之意，弦外之音。
2. 詩絕非是第一層次現實的複寫，而是將之透過聯想力，導入潛在的經驗世界，予以觀照、交感與轉化爲內心中第二層次的現實，使其獲得更爲富足的內涵，而存在於更爲龐大且永恆的生命結構與形態之中；使外在有限的表象世界，變爲內在無限的心象世界。這也正是符合我內心的「第三自然螺旋型架構」的精神運作的基型——也就是將現實的「第一自然（田園）」與「第二自然（都市）」的兩大生存空間，經由心的交感轉化昇華，變爲內涵更富足與無限的「第三自然」的景觀，詩方可能獲得理想與無限的活動空間。同時詩是藝術創作，必須具備下文所論談的高度的藝術性。

(二)詩多向性（NDB）①的創作視點

我主張多向性（NDB）的詩觀是因爲詩人與藝術家是在「自由遼闊的天空」而不是在「鳥籠」內工作的。因爲他拿有「上帝」的通行證與信用卡。故不宜標上任何「主義」兩字的標籤。同時任何階段的現實生存環境，以及創作上出現過的任何「主義」乃至古、今、中、外等時空範疇，乃至「現代」之後的「後現代」的「後現代」……等不斷呈現的「新」的「現代」，對於一個具有涵蓋力的詩人，都只是不斷納入詩人超越的自由創作心靈溶化爐中的各種全面開放的「景象」與「材料」，有待詩人以機動與自由開放的「心靈」，來將之創造與呈現出新的藝術生命。所以詩的創作不能預設框限，不能不採取開放的多向性視點。

1.表現技巧的多向性：

(1)可用由外在實像直接呈現法（以景觀境）。

(2)可用自外在實像作形而上的表現法（以景引發心境）。

(3)可將內心眞實的感知，透過經驗中的實象，予以超越性的表現（透過抽象過程，再現新的眞象世界）。

(4)可自由運用「比」、「象徵」、「超現實」以及新寫實、白描、投射、極簡等技法，乃至電影、繪畫、雕塑等其他藝術技巧，以加強詩的表現效果。

2.內涵世界表現的多向性：

(1)可表現事物在時空中活動的種種美感狀態（其中有人介入；也可無人介入，只是純粹的物態美）。

(2)可表現人在時空中活動的種種美感情境，這方面應偏重。因爲它是對「人」的追蹤。這項追蹤，可在現實的場景，也可在超越現實的內心場景；可採取「大知閑閑」與「小知閒閒」的追法；可追入記憶中的故土；可追入戰爭中的苦難；可追入都市文明；可追入腰帶以上、腰帶以下；可追回大自然………甚至可把眼睛閉上，讓內心漂泊在沒有地址的時空之流上，緊追著那個從現實中超越而潛向生命深處的「原本」的人……。的確，凡是能引起我們內心感知的生命都去追，不必只限定在某一個方位上去追；可把內心擴大到目視與靈視看見有人與生命的地方都去追；甚至那躲在米羅、克利線條與悲多芬音樂中的看不見的「生命」，也不放過去追。這樣才能徹底與全面性地達到詩與藝術永遠的企意：詩人與藝術家應切實的到上帝遼闊的眼睛中，去展開多方面追蹤「人」與生命的工作。基於這一多向性的觀點，我曾經：

一、透過戰爭的苦難——在「麥堅利堡」、「板門店38度線」、「火車牌手錶的幻影」、「茶意」、「TRON的斷腿」、「時空奏鳴曲」、「歲月的琴聲」……「月思」、「

長城上的移動鏡」、「回到原來叫一聲你」、「遙望故鄉」、「炮彈．子彈．主阿門」與「世界性的政治遊戲」……等詩中，追蹤人的生命。

二、透過都市文明與性——在「都市之死」、「都市的落幕式」、「都市的旋律」、「迷妳裙」、「咖啡廳」、「瘦美人」、「都市你要到那裡去」、「方形的存在」、「摩卡的世界」、「車禍」、「提007的年輕人」、「傘」、「玻璃大廈的異化」、「眼睛的收容所」……等詩中追蹤人的生命。

三、透過對死亡與時空的默想——在「死亡之塔」、「第九日的底流」、「流浪人」、「鞋」、「睡著的白髮老者」、「車上」、「看時間一個人在跑」、「誰能買下那條天地線」、「回首」、「出走」等詩中，追蹤人的生命。

四、透過對自我存在的默想——在「窗」、「逃」、「螺旋型之戀」、「天空三境」、「傘」、「存在空間系列」、「有一條永遠的路」、「光住的地方」……等詩中，追蹤人的生命。

五、透過大自然的觀照——在「山」、「河」、「海」、「雲」、「樹與鳥」、「野馬」、「觀海」、「曠野」、「溪頭遊」、「海邊遊」、「晨起」、「飛在雲上三萬呎高空」、「一個美麗的形而上」、「大峽谷奏鳴曲」與「過三峽」……等詩中，追蹤人的生命。

六、此外透過其他的生存情境——在「光穿黑色的睡衣」、「美的V型」、「鑽石的冬日」、「悼佛洛斯特」、「都市的五角亭」、「重見夏威夷」、「餐廳」、「教堂」、「女性快鏡拍攝系列」、「手術刀下的連體嬰」、「海誓山盟」、「漂水花」、「完美是一種豪華的寂寞」、「悲劇的三原色」、「文化空間系列」、「詩的歲月」、「給藝術大師——米羅」以及「給青鳥」等詩中，追蹤著「人」的生命。

的確，從我第一首詩「加力布露斯」開始，三十年來，我是一直在現實或超越現實的內心世界中，透過詩以目視與靈視探望與追蹤著「人」的生命。並且一再強調的說：「凡是離開人的一切，它若不是死亡，便是尚未誕生」。而詩與藝術是創造「生命」的一門學問，凡是遠離「生命」的詩，只依靠知識化與腦思維機件所製作的任何藝術與詩的場景，都難免產生隔層、冷感與不夠眞摯；因爲呈裸在陽光下的綠野，同經設計拍攝出現在電燈光下的銀幕上的畫面式綠野是不同的。這也就是說，在詩的創作中，直接以「生命」進入與以腦製作成知識化的「生命」進入，是不同的。而我特別重視前者，因爲詩人必須將他的生命，送進時鐘的磨坊，去收聽生命眞實的回音，去永遠同人與生命對話，來從事詩的創作。否則，詩與藝術將失去最後的最主要的存在意義；甚至形成有沒有詩都無所謂的念頭。很多詩人都是因此停筆的。

㈢**詩語言新性能的探索**

1.由於人類不斷生存在發展的過程中，感官與心感的活動，不能不順著這一秒的「現代感」，往下一秒的「現代感」移動，而有新的變化。這便自然地調度詩語言的「感應性能」到其適當的工作位置，呈現新態。否則，便難免產生陳舊感與疏離感。這可證之於年代越靠近三十年代的詩的語言，其疏離感之比例數便越大。

2.詩人能切實把握詩語言新的性能與現代感，即是抓住詩語言「入場券」、靠近「現代人生存場景」的最前排優先的位置，較具有「貼近感」。在此舉個例子：

·「用咖啡匙調出生命的深度」

·「要知道下午　去問咖啡」

·「咖啡把你沖入最寂寞的下午」

顯然的，第一句是相當深刻，但其語言的形態與活動的空間，放在現代越來越偏向「行動化」的急速度生活環境中，似乎是不夠新與不太適切了，那像是六十年代詩語言的貨色；第二句是抓住現代人生存於焦急的行動性以及「問」與「答」的實態，迫近生活自然呈現的實況，語言的呼吸、氣息與節奏，也化入現代人生命活動的脈動與意態之中；第三句，則更直接地向現代生活的「核點」投射，尤其是動詞就採用沖咖啡的「沖」字，既可使語言的動感與動速同現代人生命與機械文明活動的外在環境之動感與動速相一致，又可同古詩「黃河之水天上來」緣發與直感性的詩貌相應對：一是表現古詩人對大自然的直觀情況；一是創造這代人新的生存意境。從上述的三句詩中，可看出詩的語言是一直在追索它的現代感、它新的機能，以便有效地表現一切存在（包括大自然與都市）的新貌；否則停滯在陳舊的狀態中，失去較佳的吸力，是可見的。

(四)詩語言活動空間的擴展與建構

當現代詩人從古詩人偏向一元性自然觀的直悟境界，進入現代偏向二元性與多元性的生存世界；從寧靜、和諧、單純的田園性生活形態，進入動亂緊張、複雜、焦急的都市型生存狀況，接受西方現代科技文明的衝激，以及物質繁榮的生活景觀之襲擊，所引發人類官能、情緒、心態與精神意識的活動，都是以大幅度、大容量與多向性在進行，古詩的形態與「境界模式」，是否能擔任得了現代人龐雜的生存場景與心像活動的新型「舞台」呢？所以我覺得可考慮採取其他藝術的性能來擴展與構架現代詩語言活動的新空間環境——譬如我十四年前便已採用後現代解構觀念在「曠野」詩中，曾企圖使用立體派多層面的組合觀點以及採取半抽象、抽象與超現實的技巧，與「電影中有電影」（就在詩中溶入一首可獨立又可息息相關的詩）多元表現的手法，使詩境內部在施以藝術性的設造過程中，獲得較具大規模與立體感的結構形態，有如大都市建築，所呈現層疊聳立的造型美與展示出多層面的景觀。這樣做，當然是一種偏向於藝術性的構想——試圖把詩的「體態」，進一步當做藝術的「體態」來營造。看來顯已有目前出現的後現代創作的解構形態，再就是在一九九二年寫的二百多行長詩「大峽谷奏鳴曲」更是一首採取多元組合的立體空間架構觀念，企圖跨時空跨國界跨文化與藝術流派框限，以世界觀與後現代解構觀念所寫成的詩。

的確，一個現代詩人能不斷注意與探索詩語言新的性能與其活動新的空間環境，他便是不斷的持有創造性的意念，這一意念，將使所有停留在舊語態中工作的「比」、「象徵」與「超現實」等技巧，必須有所改變與呈示新的工作能力。譬如你在海灘上看到男女穿著泳衣在陽光與海浪中相擁抱，寫出「只有這種抱摟，才能進入火的三圍」。這句詩，在表面上看，是用「比」，其實是溶入了「象徵」與「超現實」的質素而表現的，使詩語言更具行動化且快速地擊中現代人心感世界的著火點。相形之下，五十年代六十年代所用的語言技巧，在此刻看來，都難免吸力與動速不太夠了。因此我認爲做爲一個現代詩人，應有銳敏的「現代感」，去發覺詩語言所面臨的新環境及在創作上所發生的一切可能性，以便運用最確切的語言媒體與方法，展現出具有新創性的世界來。同時我認爲詩人與藝術家面對傳統所採取的態度，絕對的決定了他創作的生命：凡是躲在「傳統」裡不出來的或逃避現代生活現場的詩人，他絕領不到具前衛性的「創作卡」。現代詩人接受傳統是基於本質而非形態的。他最關心的是專一的站在此刻的「我」的位置，去面對整個世界與人類的生命，發出一己具「獨特性」與「驚異性」的聲音，而與永恆的世界有所呼應。他在詩中，不放「長安」與「長衫馬掛」等字眼，照樣可把古詩傳統的質素吸收進去。譬如當我們讀了「江流天地外，山色有無中」、「黃河之水天上來」，與讀了現代詩「你隨天空闊過去，帶遙遠入寧靜」、「咖啡把你沖入最寂寞的下午」，是否發覺它們之間也有某些相同的質素？甚至進一步看出現代詩人站在自己生存的新時空中，穿越「傳統」與「現代」，進入此刻全主動性的「我」的發言「位置」——也就是進入新創性的語言環境，使現代詩不但呈現出異於古詩人的心境，而且也呈現出詩語言同存在與變化的時空相互動所產生的新的形態與秩序感。誠然，一個具有創造力的現代詩人與藝術家應該是有魄力與勇於將「古、今、中、外」溶解入自己這一瞬間的絕對的「我」

之中，去重新主宰著一切的存在與活動，以新的形態出現，並使之同永恆的感覺發生關聯。完美與卓越的事物，最後總是開放給全人類共享的，也絕限制不了它的範圍。因此詩人與藝術家的創作理念，不能不持世界觀。

三、要成為一個真正乃至偉大的詩人

1.他除了有不凡的才華與智慧，以及對藝術盡責外，也應該是一個具有是非感、良知、良能與人道精神的人；如果做爲一個詩人，沒有正義感、鄉愿、顚倒是非。做人都有問題，還做什麼偉大的詩人。

2.他最了解自由，對世界懷有全然開放的心境，擁有遼闊的視野，守望著一切進入理想的世界，他除了關心人的苦難；更廣泛的工作，是在解決人類精神與內心的貧窮，賦給生命與一切事物，以豐富與完美的內容。

3.他不同於賣藝者與雜耍者，是因爲他向詩投資的，是藝術與生命雙方面的。也就是他必須寫出有偉大思想的詩，也同時寫出有詩的藝術思想的詩。前者是詩中具有確實感人的偉大思想；後者是詩中具有確實傑出非凡的藝術表現理念與思考力。若只有前者，將對藝術本身的生命有傷害；若只有後者，將便使詩變成一種高級耍巧的行爲，失去「生命」內涵力的淵博感與偉大感，詩便難免浮面化，甚至淪爲文字的賣藝者，同其他行業的賣藝者，沒有兩樣，而忘掉詩人是往心靈與生命深層世界去工作的藝術家。

4.他必須具有對詩始終執著與嚮往的宗教情懷，不能被勢利的現實擊敗，若被擊敗，詩心已死，詩人都做不成，還談什麼偉大的詩人。

【附　註】

①我所說的「美」，不只是快樂與好看悅目的一切。在詩與藝術的創作中，就是痛苦、寂寞、虛無、絕望、死亡、與悲劇的人生，也潛藏有美感。像詩人波特來爾表現「地獄」陰暗的悽「美」之光，詩人里爾克說「死亡是生命的成熟」，都含有「美」的存在。可見深一層的美，往往是靠深入的心去沉思默想的。

②關於此處提到「第三自然」與「後現代」「世紀末」的相關互動話題，可參照我系列論文集中較詳的論談部份。

③（NDB-NONE DIRECTION BEACON）是我在美國航空中心研習期間，看見的一種導航儀器，叫做「多向歸航台（NDB）」，飛機可在看得見、看不見的狀況下，從各種方向，準確地飛向機場。這情形，頗似詩人與藝術家以廣體的心靈與各種媒體以及高度的技術，將世界從各種方向，導入存在的眞位與核心，這便無形中形成我創作上「多向性」的詩觀。

貳、創作歷程

如果說寫詩，我在中學時代（空軍幼年學校六年制，等於高中），十六歲時，已開始在學校的壁報與校刊上發表過詩作。但那只是由於愛好貝多芬與莫札特充滿了力與美的古典音樂以及也讀一些古詩與翻譯過來的詩，加上我當時又做飛行員的夢……這些都無形中激發我內心對生命產生熱愛與美的顫動力，而自然潛伏著對詩與藝術的喜愛與嚮往。但我並沒有想會做什麼詩人，因爲我的未來是飛行。

至於我開始步上詩創作的路，那是在我進入空軍飛行官校，代表空軍打足球傷腿，離開空軍到民航局工作，於民國四十三年認識早已聞名詩壇的女詩人蓉子，在她詩情與愛情的雙重激勵下，才開始認眞的寫起詩來的。

我的第一首詩「加力布露斯」，於民國四十三年被紀弦先生以紅字發表於「現代詩」季刊封底，確引起詩壇的注目，曾有些詩友戲言：「羅門你第一炮就紅了」。後來連續在覃子豪先生主編的「藍星」詩刊上發表不少長短詩，接著在民國四十四年四月十四日星期四下午四時，與女詩人蓉子在禮拜堂結婚，覃子豪先生特在公論報副刊的「藍星詩週刊」上，以整版刊登他本人以及名詩人鍾鼎文、彭邦楨、李莎、謝菁等人的賀詩，並在婚禮上由詩人紀弦、彭邦楨與上官予等分別朗誦，紀弦先生並特別朗誦我的「加力布露斯」，確爲婚禮帶來不少詩的光彩。覃子豪先生更在婚禮專刊上，讚譽我們爲中國詩壇的勃朗寧夫婦，成爲佳話。直到現在。

這些慰藉與鼓勵在當時，加上蓉子婚後的溫情與彼此的互勉，我便在詩神的安排下，以無比的狂熱與浪漫的激情，不停的創作，並成爲藍星詩社的仝人，以及後來主編藍星詩刊、年刊，與自民國六十五年（一九七六）起，擔任藍星詩社社長，直至目前。

回憶四十三年（一九五四）我以第一首詩「加力布露斯」，步上詩壇。當時在詩中對生命、友情、愛情與理想的追求，寫著『加力布露斯！你的聲音就在風中嗎？你的視線是否在陽光裡……如果你回來時，我已雙目閉上，那時心會永遠死去，黑夜會在白晝裡延長，海洋也會久久的沈默，你知道歲月之翼，不能長久帶引我，在生命的冷冬，我會跌倒於無助之中……』以及在「啊！過去」詩中，對時間的感懷：『……你！過去，我心底往日的遊地……。在不同的追路上，昨日是你，明天是我，唯有時間的重量，才能把我推倒後，帶交給你，而那時，我是陷在長久無夢的沈睡之中，心是一無所感了……』；在「寂寞之光」詩中所流露的戀情：『……在無光的冬夜，我這裡通明溫馨，刻刻等你，我已熟悉你來時踏響我心的樓梯之音，如造訪的馬車的蹄聲，擊亮我深居的幽靜的庭園……』；在「海鎭之戀」詩中所表現的童時的憶念：『那海鎭，如南方巨人藍色寬邊帽上的一顆明亮的寶石，我童時的指尖，曾捕捉它的光輝……』……等這許多三十多年前想像力頗爲任放與感性頗具沖激性的語言，都可說是道道地地的偏於浪漫詩的抒情傾向；在當時，雖也偶爾寫出一些相當單純與清晰的意象詩，如「小提琴的四根弦」詩中，對人生歷程的刻劃所寫的：『童時，你的眼睛像蔚藍的天空；長大後，你的眼睛像一座花園；到了中年，你的眼睛像海洋多風浪；晚年來時，你的眼睛成了寂寞的家。』……。然而在整體上看來，那時期我詩的語言，很明顯的，是處在浪漫詩的階程。或許「加」詩中的「你的聲音就在風中嗎？你的視線是否在陽光裡」已多少含有超現實的意味與感覺。直至四十七年（一九五八），「曙光」詩集出版的那一年內，連獲藍星詩獎與中國詩聯會獎等兩項獎後，才算是結束了我浪漫時期的作品。

四十九年（一九六〇），完成了長達一百多行的「第九日的底流」，詩中對生命與時空所激發出的回音：『……常常驚異於走廊的拐角，如燈的風貌向夜，你鎮定我的視度……當綠色自樹頂跌碎，春天是一輛失速的滑車……當晚霞的流光，流不回午前的東方，我的眼睛便昏暗在最後的橫木上，聽車音走近，車音去遠……』。這些語言，顯已把「曙光」時期浪漫情思外射的紅色火焰，向內收斂，而冷凝與轉化成爲穩定與較深沉的藍色火焰。從此也開始走進抽象與象徵乃至含有超現實感覺等表現的路途上來了，當然，在另一方面，由於個人情思世界，隨著歲月而深廣，語言所經營的精神深廣度，便也不能不加強。尤其是當現代詩與現代繪畫，都正熱中於透過抽象過程，去深一層觸及內心的眞實。所以緊接著這首長詩之後，我五十年（一九六一）到菲律賓去訪問，寫了一首「麥堅利堡」，表現第二次世界大戰，死在太平洋中的七萬美軍的悲慘情景，因思想性的加強，語言的功能與活動的趨勢，便也加強。於是一種偏向於現代藝術表現主義的技巧，便自然的潛進「麥」詩中來。如詩中的『戰爭！坐在這裡哭誰，它的笑聲，曾使七萬個靈魂陷落在比睡眠還深的地帶；……太陽已冷，星月已冷，太平洋的浪，被炮火煮開也冷了……，血已把偉大的紀念沖洗了出來……，你們是不來也不去了……太平洋陰森的海底，是沒有門的……』。這首詩後來被國際UPLI詩組織譽爲近代的偉大之作，頒獲菲總統金牌，確對我創作帶來一些激勵作用，使我也大膽地將詩推入更深廣的精神層面。

此後，在「都市之死」一百多行的長詩中，對現代都市文明進行透視所做的批判：『人們用紙幣選購歲月的容貌……，在這裡腳步是不載運靈魂的……凡是眼睛都成爲藍空裡的鷹目……，人們在重疊的底片上，再也認不出自己……，沉船日，只有床與餐具是唯一飄在海上的浮木……，一具雕花的棺，裝滿了走動的死亡……』與在「死亡之塔」將近三百行的長詩中，對生命與死亡所發出的感慨：『你是一隻跌碎的錶，被時間永遠解雇了……，用右腳救起左腳，總有一隻腳，最後成爲碑，成爲曠野的標記……，當封在彈疤裡的久遠戰場，被斷臂人的尼龍衣裹住，我們即使是子彈，也認不出傷口……，當棺木鐵槌與長釘，擠入一個凄然的音響，天國朝下，一條斷繩在絕崖上……，鋸木聲叫著鳥，火焰叫著煙流，煙流叫醒域外，在域外，連歸雲都睡著了……』以及一些脫離了浪漫抒情時期的短詩：

如「彈片·TRON的斷腿」詩中表現戰爭冷酷的一些詩句『一張飛來的明信片，叫十二歲的TRON沿著石級走，而神父步紅氈，子彈跑直線……，當鞦韆昇起時，一邊繩子斷了，整座藍天便斜入太陽的背面……』

·如「車禍」詩中表現都市文明冷漠面，寫的一些詩句『……他不走了，路反過來走他，城裡那尾好看的週末仍在走……』

·如「迷妳裙」詩中，表現現代都市生活銳利的官能反應與特殊的視覺經驗，寫的一些詩句：『裁紙刀般，刷的一聲，將夜裁成兩半……』

·如「流浪人」詩中，表現現代人被冷酷的時空與都市文明放逐中的孤寂與落寞感，寫的一些詩句：『被海整得好累的一條船在港裡，他用燈栓自己的影子，在咖啡桌的旁邊，那是他唯一隨身帶的動物，而拉蒙娜近得比什麼都遠……，他帶著隨身帶的影子，朝自己的鞋聲走去，一顆星也在很遠很遠裡，帶著天空在走……』等，都不難看出我自四十七年拋開浪漫詩風過後，是急速且不斷地向現代新的生存層面、新的心象活動世界，去探索與極力塑造那具有「現代感」、「現代精神意識」以及至爲繁複、尖銳與具強大張力的意象語。我甚至相信強有力的意象語，是精神與思想的原子能，能在人類心靈中，產生無比的震撼力。

就因爲這樣，在那時期，我繁複的意象語，便也像是油井一樣，不可抑制的到處冒開來，形成我個人詩語言特有的氣勢與形態。詩人兼詩評家陳慧樺教授，曾評我當時的詩時說：「讀羅門的詩，常常會被他繽紛的意象，以及那種深沉的披蓋力量所懾罩住……，不管在文字上、意象的構成上等等，羅門的詩，都是最具有個性的。他的詩，是一種龐沛的震撼人的力量，時時在爲『美』工作，是一種新的形而上詩……」①；一位在政大任客座的美籍教授詩人高肯博士（W.H.Cohen）說：「羅門是一位具有驚人感受性與力量的詩人，他的意象燃燒且灼及人類的心靈，我被他詩中的力量所擊倒……」②詩評家蕭蕭在文章中說：「羅門的詩，有強大的震撼力，他差遣意象確有高人一等之處」③；於不久前，詩評家張漢良教授更進一步的說出：「羅門是臺灣極少數具有靈視的詩人之一，他寫反應現代社會現象的都市詩，是最具有代表性的詩人……」④。上面這些對我激勵的話，都可說是對我自四十七年（一九五八）之後全面地投入「現代型」的心象世界，去探索與創造那具有現代感與獨特性的詩的語言世界，所產生的迴響。的確在語言探索與創造的漫長的旅途上，面對著的挑戰與體認，是夠多且不斷地發生的，嚴肅而深具意義。

當我從「窗」詩中的「猛力一推，竟被反鎖在走不出去的透明裡」這一現代型悲劇所形成潛在性的自我意識之困境，衝出去之後，「東方」與「中國」，在我心靈深處所潛伏的和諧的一元性自然觀，於經過現代西方文明二元性的生存觀之強大沖激，所產生的變動與蛻化，確實使我有所頓悟與產生不凡的意義：㈠東方與西方的文化，在現代，已非孤立與相排拒的存在；而是彼此不能不相互地吸取彼此的精華，去面對全然開放性的無限創造的境域。事實上也是如此，國際上兩位被公認的西方大雕塑家布朗庫斯與亨尼摩爾，便是吸取了東方的和諧感與圓渾感；同樣的，我國當代在國際上享譽的趙無極與林壽宇兩位畫家，也都吸取了西方在創作上的新觀念。這足可證明人類具創造力的「腦」與「心」，是絕不會去拒絕世界上所有美好的事物的。於是我覺得我那句詩工作的位置，對我來說，是有啓示的。它既不是重複陶淵明「悠然見南山」的自然觀；也非受制於西方理知與機械文明所分解的思考世界，而是站在東西方二大文化在「現代」的沖激中，企圖抓住人存在於原本中的精神實態與實境。這種歸向「人本」的緣發性與靈悟性，仍應是偏向於東方文化探本朔源的範疇，但它畢竟是從「現代」的位置，以新的形態與意涵偏過去的，於詩的創作精神世界，應有創新的意義的。

㈡使我更有信心去面對與不斷發覺語言的新境域；而且確信語言的新境域，又將不斷更新詩表現技巧中的手法——諸如象徵與超現實以及直敘白描等在創作中產生變化與呈現新態。譬如上述「窗」詩中的那句詩，不就在藝術表現中，呈示不同古詩乃至以往新詩的超現實的表現嗎？就是在使用比的手法中，蘇東坡的「好風似水」，固然比得很好，但做爲一個現代詩人，在不同的時空中，對事物的觀察與思考，難免有不同的角度。於是當我在詩中寫「落葉是風的椅子」這樣的「比」時，是否因語言多加進了一個蒙太奇掃描的「動感」鏡頭，便也因此在工作中增加效果呢，可見詩人對語言與技巧的探索與運用，是順乎詩人的心象，在不同的生存處境中活動，而不斷有新的發現與創見的。

綜觀全集，不難看出我在語言探索與創造的旅程上所努力與探求的方向：

1.我的「語路」一直與我的「心路」永遠並行——這也就是說我的語言是我的生命通過「現代」的時空位置，對人存在於「都市」與「大自然」兩大生存空間所遭遇到的「生死」、「戰爭」、「自我」、「性」與「永恆」等重大生命主題予以對話與沉思默想，所發出一己的獨特的聲音；同時也更企求這聲音，必須與人類存在的生命相呼應。

2.強調語言的「現代感」與個人獨特風格的建立——也就是說，我一方面在力求語言能進入現代官能與心態活動的新境與前衛的位置去工作；一方面更力求一己的語言在工作中的獨特性與新創性。

3.從「曙光」的浪漫抒情，到「第九日的底流」、「死亡之塔」、「隱形的椅子」、「曠野」、「日月的行蹤」、「停上呼吸在起跑線上」、「有一條永遠的路」、「與誰能買下那條天地線」……等詩集，偏向於現代人繁複的心象活動所做的象徵、超現實、投射與直敘的表現，以及近年來，不少詩中採取較平易與明朗（但仍強調其深度與密度）的語路……都大致可看出我語言的走向——是由早期想像任放與較淺明的直敘的語態（如上面列舉「曙光」時期的詩例）；轉變爲中期意象繁複繽紛複疊與較深入的悟知語態（如上面列舉「曙光」時期以後的詩例）；再就是後來大部份詩的語言，都盡力走上『有深度的平易性』、『穿過錯雜的直接性』與『透過繁複的單純性』等的語路。

如在「晨起」詩中的語句：「站在頂樓／一呼吸／花紅葉綠天藍山青……，此刻要是不飛／鳥那裡來的樣子」。

「茶意」詩中的語句：『……整個視野靜入那杯茶中，歲月睡在那裡，血淚也睡在那裡，……沉在杯底的茶葉，全都醒成彈片，如果那是片片花開，春該回，家園也該在……』。

「賣花盆的老人」詩中的語句：『他推著一車歲月，擺在巷口賣，坐在盆外，他也是一隻空了卅多年的老花盆，直望著家鄉的花與土……』。

「日月的行蹤」詩中的語句：『獨坐高樓看雲山，山看你是雲，雲看你是山。山坐下來，連著地；雲遊起來，伴著天！』。

「海邊遊」詩中的語句：『……涉水時，雙腳是入海的江河，嘩然一聲藍，雙目已飛起海天的雙翅……。歸帆把黃昏運回岸邊，拋下一束沉寂，只有東南西北站在那裡偷看……』。

在「車上」詩中的語句：『張目是風景，閉目是往事，一回首，車已離地去，身在雲裡，夢在雲外……凝望溶入山水，山水化爲煙雲，煙雲便不能不了，事情總是這樣了的』。

在「摩托車」詩中的語句：『一條揮過來的皮鞭，狠狠的鞭在都市撒野的腿上……』。

在「溪頭遊」詩中的語句：『山在雲中走，雲在山裡遊，你是山，也是雲。雲遊，千山動；雲靜，山已睡了千年……。林鳥穿過千樹，碰碎滿山的青翠，滴滴落入泉聲，是誰在彈古箏』。

在「觀海」詩中的語句：『飲盡一條條江河，你醉成滿天風浪；浪是花瓣，大地能不繽紛；浪是翅膀，天空能不飛翔，浪波動起伏，群山能不心跳……』

在「曠野」詩中的語句：『你隨天空闊過去，帶遙望入寧靜……，鳥帶天空，飛向水平線；人帶護照，逃往邊界；你帶煙雲，返回原來……」

在「漂水花」詩中的語句：「我們蹲下來，天空與山也蹲下來」。

從這些抽樣性例舉的語句中，可看出我目前語言的走向，的確是除了強調語言的現代感與新意；便是往較明朗、直接與單純但堅持精神深度與質感的方向發展，如前幾年寫的「傘」中，更是企求語言以「平易」、「自如」的「直敘」形態與勢能，進入詩中非常具有「現代感」與「行動化」的四個實視空間去工作。這四個實視空間，便是相關連、緊緊扣在一起發展的——「現實中的實視空間」、「記憶中的實視空間」、「超現實中的實視空間」與「禪悟中的實視空間」，茲將「傘」詩列舉於後：

他靠著公寓的窗口
看雨中的傘
走成一個個
孤獨的世界
想起一大群人
每天從人潮滾滾的
　公車與地下道
裹住自己躲回家
　把門關上

（現實的）
（記憶的）

忽然間
公寓裡所有的住屋
全都往雨裡跑
直喊自己
也是傘
（以上：超現實的）

他愕然站住
把自己緊緊握成傘把
而只有天空是傘
雨在傘裡落
傘外無雨
（以上：禪悟的）

這首詩，很明顯是運用白描直敘、以及生活口語化與行動性的語言，所構成一潛藏在語言滑動平面下的立體空間，以表現出現代人生活在現代都市與內心深處至爲嚴重的孤寂感。可見我是想把過去緊密的意象語，鬆開來，再度以看不見但較前更大的內壓力，緊緊抓住對象的要害。

從上面一連串闡述我詩語言在發展過程中，所遭遇、面對與呈現的，大致可看出我除了強調「現代感」（因「現代感」含有創作的三大卓越性——「創新性」、「前衛性」與「震撼性」）外，也注意到吸取古詩有機的質素與精華，尤其是它的精純感與緣發的直敘性，如：「克勞酸喝得你好累」、「刷的一聲，把夜裁成兩半（迷妳裙）、「張目是風景，閉目是往事」、「猛力一推，竟被反鎖在走不出去的透明裡」、「逃是鏡中的你」、「鳥不在翅膀上，天空的上面是什麼呢？」、「雲帶著海散步」、「往事把車窗磨成一片朦朧」、「窗是飛在風景中的鳥」、「蹄落處，花滿地；蹄揚起，星滿天。」、「浪來天更高、浪去天更遠」、「海握著浪刀，把山越雕越高，把水平線越雕越細」、「涉水時，雙腳是入海的江河」……等都可說是已多少吸收了古詩的某些精華，並以開放的心境接受西方現代藝術思潮的影響，而全然轉化到具有我個人特殊風貌的創作世界中來，這也是我一直堅持的創作觀點，那就是：『做爲一個現代中國詩人與作家，他首先必須是中國人，同時必須是現代的中國人，也必須是關心到全人類的現代中國人，最後更必須是他不斷超越中的獨特的自己。』

此外，我想順便說的，是在我的詩選集中，有兩首詩是以詩來寫詩論的詩：「門與世界與我的奇妙連線」一詩，是寫論詩的奇妙的想像力；「山的世界」一詩是寫構成詩世界中的「意象」、「語言」與「結構」等三大主要支柱。至於「古典的悲情故事」、「後現代A管道」、「在後現代都市裡各玩各的」、「世紀末病在都市裡」以及「長在後現代背後的一顆黑痣」等詩，那是針對後現代目前的生存環境與藝文空間普遍產生的盲點，而以後現代詩的創作意識與形態，批評在泛價值觀與泛方向感裡已形失控、飄忽搖擺的後現代現象。並且在「有一條永遠的路」那首詩中，堅信人類創造的智慧，仍是帶有歷史感與深層的價值意義，永遠走在「前進中的永恆」的途徑上，繼續對人類在目前所呈現的後現代思想，尤其是後現代創作思想可能或已經偏向於「存在與變化」的低層次「消費文化思想」性格，提出警示與防範。因爲「前進中的永恆」，既可包容「存在與變化」，又可將之提昇入思想高層次的具有持續性（就永恆性）的存在與活動的境域，同思想家湯恩比的進入宇宙之中之後之外的無限眞實存在的精神世界有通連與交會。因此可見後現代以及未來的後現代的後現代，在「前進中的永恆」的詩創作無限地存在下去的精神思想的途徑上，都只是許多階段性的過程；而只有能確實通過階段性的過程，進入「前進中的永恆」的境域，方是一個詩人與藝術家以高度智慧從事人類精神文明事業的終極企求與目標。

最後，我想在此特別感謝文史哲出版社彭正雄先生，在嚴肅文學趨向極度低潮的時刻出版我創作的系列書。他付出的心力與這股盛情，我除了感激，更對他偏重文化不以營利爲主、從事出版事業所表現文化人的高度素養與品格表以敬佩。當然更使我終生難於忘懷的是女詩人蓉子，他四十年來相處，給於我生活中的慰勉與諧和以及安定感，使我能專一的投入詩與藝術的創作世界。如果我的努力確實獲得某些理想的成就，則我對蓉子的感謝，便多出了一種感恩的心情。

附語

在詩創作世界藝術表現的馬戲團裡，有各項表現。

(1)有人抱著感情，又歌又唱，又跳又舞，以綜藝的普通演技與格調，娛樂觀衆。

(2)有人以遊戲方式，玩耍撲克牌，手法明快靈巧，過程也精彩美妙，可說是十足的耍巧，如果比做拉小提琴，技巧到家，但弓只拉在提琴的弦線上，沒有拉心靈中的琴線。

(3)有人耍魔術，或把躺著的人，以遮眼法浮昇到空中，眞是魔幻般，使觀衆又迷又信又幻，稱好叫絕。但過後大家都猜疑甚至確定它不是眞的。或把人裝在箱裡，用鋸將箱子上下左右的猛鋸，最後人仍活著出來。過程雖然步步驚魂，但終是一場「製作」的虛驚。這兩種耍法，設計構想、手法都相當高明，令人嘆爲觀止，然而「藝術」的生命與「人」的生命，並沒有眞的接觸，再耍下去，還可加進科幻，增加效果。

(4)有人揮著鞭舞獅弄虎，在可見且帶驚險的現實距離裡。人與獸的對決，於技巧進行的過程中，是有驚心動魄的「眞」的生命介入的，其中也含有較高的代價與保險性，給觀衆在「技巧」之外，自然多出一層對人與生命的眞實關懷。唯一不夠理想，是與事實(現實)的距離過近。

(5)有人爬上「形而上」的高空，將眞的「生命」與「技巧」溶爲一體表現「高空飛人」。

過程中秒秒的「驚視」，始終是跟著活的「生命」起伏的。更有人進一步，走在懸在生與死兩崖間的高索上，上是高高的天空，下是死亡的深谷，周圍寂靜無聲，觀衆屏息呼吸在看，但看不見「花巧」的技巧，只看見驚目驚心的走索人，步步驚魂的走在他不能沒有的更高強的「技巧」中。而技巧雖也令人注目，但在注目中，更令人感動與震驚的，是帶著「技巧」一起走的走索「人」。如果將「電動玩具人」換掉肉體人在高索上走，情況便立即變化，絕引不起這樣強大的震撼效果，至多只產生⑵與⑶項「把玩」的一些驚奇。

在上述的五項藝術表現裡，我所選擇的，比較傾向於第⑷與第⑸兩項，於採取接近現實層面作業情況時，偏用第四項；於採取超越現實的「形而上」作業時，則用第五項。均因爲我說過：「離開人的一切，若不是尙未誕生，便是已經死亡……我寫詩，不只是爲創造一些美的形式與方法，更是企求人與自我的生命，也必須在那美的形式與方法裡邊」。因此，我向詩創作世界投資的是「生命」與「藝術」雙方面的。；既不是單向走「爲藝術而藝術」的路，也非單向走「文以載道」的路；而是將「藝術」與「存在的一切生命」，送入我受詩眼監視的「第三自然」世界，去溶合成「美」的生命思想與美的精神境界，所呈現出詩的藝術作品。我之所以採取這樣的看法，是因爲如果詩只是爲藝術而藝術，只屬於一種高級的文字技巧與遊戲，那同打球、下棋與耍魔術的有什麼不同呢？如果詩只是偏重「文以載道」，排拒詩高度的藝術性，那大可去寫道德經、方塊專欄以及散文乃至其他文章，何必寫詩？

至於我將四十年來的詩作，構想彙編成這一系列的詩集，同上述強調詩必須對「人」與

「生命」存在，做深入的探索與沉思默想的觀念，是至爲相關的，因爲人做爲詩人之前，他必須也是一個通過時空、接受人所面臨存在中的「戰爭」、「都市文明」、「自然觀」、「自我、時空、死亡」以及情愛與其他事物……等重大思想主題不斷挑戰的人，便也難免對這些不同的重大思想主題，分別在詩中進行著不同的對話與發出不同的聲音。並自然形成各個不同的思想活動區，而也自然帶來我構想出這一以詩爲主的系列書的適當理由與動機。

【附　註】

① 見一九七一年「藍星年刊」陳慧樺教授寫「論羅門的技巧一文」。

② 見一九七一年「藍星年刊」一〇七頁錄用高肯教授的評語。

③ 見詩評家蕭蕭在一九八〇年故鄉出版社出版的「中國白話詩選」中寫的「心靈的追索者——羅門」一文。

④ 見一九八七年五月一日出版的「中外文學」雜誌，張漢良教授寫的「分析羅門的一首都市詩」。

前言

羅門

題外詩系列的構想，是基於這部份詩，面對那已呈現有較明顯的思想主題系列詩時，歸屬感尚不能確定，便只好任放到其他適當的存在空間。其實，如果放寬尺度，它們尚可勉强分別插除到有主題名稱的系列詩裡去。當然更理想的處理，便是讓它們聚合在一個專設的自由區裡，各自展現其存在。

無論它被看是整幢規劃好的「建築」所加蓋的部份；或看成是酒席所另外加設的座位，反正在整體存在空間的結構形態上，仍是統合在一起與並存的。

於是題外詩系列，便也自然形成了整個創作系列世界中的一個系列。

「燈屋」的觸覺

為了把整個空間
　掛在透明裏
原只想在音樂裏
　旋成一顆螺絲
後來竟旋成一座塔
頂著天
立著地
不停的旋上去
旋到頂點
將塔抽掉
便飛著天空去
直至降落下來
才發覺世界的雙腳

仍一直站在煙囪與
　　炮管上

註：「燈屋」是我三十年前，以裝置藝術的觀點，所製作的美感生活空間。

一九八六年

燈屋的世界

「光是宇宙的眼睛
帶著世界到處看」——羅門

一　光的行蹤

光從直線出發
行成多弦琴　便聲高音遠
行成林野　便色明彩麗
行成石柱　便天長地久
行成水平線　便繫住眺望
行回眸子　便帶日月歸
光從拋物線出發
行成噴泉　便繽繽紛紛

行成鳥　便自由自在
行成雲　便逍逍遙遙
行成風　便獨來獨往
行回眸子　便同千山萬水
　　　　　起伏浮沉

光從圓形出發
行成渦漩　便向下深奧
行成塔　便向上玄昇
行成樹的年輪　便滾入大自然的壯濶
行成唱盤　便走進時間最精美的紋路
行回眸子　便看到歲月的眼睛

二　光的作業

光以直線拉著眸子上天頂
　　　　去看尼采的心
光以拋物線牽著眸子入風景

去看鄧肯的舞
光以圓抱住眸子與天空
一同去看王維的詩

三　光的結局

光降著雪
你站在雪峯上
不動　眸子是冬
一動　雙目來不及說自己是江河
還是大地伸出的雙手
山水已奔著過來
捧來滿野的花

光開著花
你躺在花園裏
色彩可聽見
芬芳也有聲

偶爾聽得出神
　會覺得那是一片無際的原野
　　　在雨中

光下著雨
你淋在柔美的濕潤中
一聞到花汁與果液的香味
夜便溶為酒
露便結成黎明
窗開時　屋內屋外都在看
太陽鋪一條路到遠方去
　把世界接了過來

註：「燈屋」是用來照海還是照心？是用來照亮詩境還是用來照亮生命與時空之屋呢？答不出來，只好直接去問「燈屋」了。

一九七九年

光住的地方

光　沒有圍牆
光住的地方　當然也沒有

燈屋只是一個露天的艙位
在時空之旅中
眼裏帶有畫廊
耳裏帶有音樂廳
什麼也不用帶了
這樣　雙手可空出來
　　抱抱地球
雙腳可舒放在水平線上
頭可高枕到星空裏去（註）
　　把世界臥成遊雲

浮著光流而去
　月是堤
　日是岸
登步上去　光就住在那裏

一九七九年

註：入夜，「燈屋」衆燈閃亮成一片星空。

鑽石的冬日

冬日！
人類夏日得來的急躁同深秋感染上的憂鬱病是好轉了，
在你深綠色空氣的冷林中，
詩神常帶著祂機敏可愛的獵狗。

經過保險的鑽石的冬日——靈魂的無波港！
生命的海，呈現在你面前，沉靜而均衡，
情感突出的懸崖全倒了，
在你陽光的溫鄉，自由新生的歡望如飛鳥成群。

一九五七年

美的V型

鑽在巴士上的小學生們只管說笑
聲音如一群鳥
　繞著在旁沉默如樹的成年人亂飛
一個童話世界與一個患嚴重心病的年代
　不相干地坐在巴士上

突其來的急煞車
馬路的長腿　似抽筋尖叫了一聲
行人的視線集攏成美的V型
　像一束花擲在那裏
反正又有人從邊境回來或不回來了

一九五八年

綻

海棠花用血宣揚它的綻開
整個天空便旋入那朵紅雲

隨雲聲去
迴音來自遠水
蝶羽划入花香
春被鳥叫得好高好深
世界是沿滑板下去的童時
　　　在那陣嘩笑裏
一回首　已涉渡千里幽渺
相望時　已停泊萬年

一九六八年

提琴家的琴

懷著金屬的山　孕著波浪的海
湧出雲彩的天空　放出風與鳥的樹林
　睡在千目中　　　　醒在千耳裏

太陽滑行在光線上
　流泉瀑布　手摸愛人柔柔的長髮
光線上跳躍著太陽
　蹄聲在鞭響裏　天鵝的腳在湖上
那把鋸　鋸不斷生命的四排聯想
　　便鋸出繽紛的年輪
將一條線分給那放風箏的小孩

一條線讓鳥帶走
一條線繞入維也納
一條線拋向天堂
然後　像鐘聲住在鐘裏
　　　他住在他的琴中

一九六二年

教堂

那是一部不朽鋼洗衣機
經過六天弄髒的靈魂
禮拜日都送到這裏來受洗

唱詩班的嘴一張開
天國的電源便接通了
牧師的嘴一張開
水龍頭的水便滾滾下來
在佈道詞廻盪的聲浪裏
受洗的靈魂　漂白又漂白
如果仍有什麼不潔的
便是自目中排出去的那些
　不安與焦慮　迷惘與悔意

於謝恩放進奉獻袋
　領出自己之後
那個潔淨的挺挺的靈魂
　　又向六天走去
向灰塵滾滾的市街走去

禮拜堂內外

禮拜日
人們愛擠進禮拜堂去量到天國的路
而迷你裙短得只要一兩步路便到了

迷你裙短得像一朵火花
一閃　整條街便燒了起來
行人發呆成風中的樹
而打對街過來的柯神父
誰知道祂雙目提著兩桶水
　還是兩桶汽油

一九七〇年

餐廳

滿廳的頭
飄空成節日的氣球
眼睛圍著看
　一幅幅悦目的畫
直至把畫廊快擠破了
　才發覺那是個腸胃

一刀下去　若是一條閃亮的河
　　　　必有魚在
一叉上來　若是魚
　必有歲月游過來
如果雙筷是猛奔的腿
　必有飢渴的嗥叫

在荒野上
要是田園已圓滿在盤裏
必有兩排牙在痛咬著
大地的乳房

夏的連鎖店

一 夏在城外

那隻火鳥
放下翅膀
躲在林中飲綠蔭
藏在山裏喝冷泉
最好不出來
靜成那座水亭
傍著柳色荷香
午寐入綺麗
美給樹影看

那隻火鳥

要是飛出來
天空準著火
海跟著沸騰
陽光在翅上
波浪在翅下
任誰大叫一聲
ＡＬＯＨＡ
沙灘上的彩傘
　全是火花

二 夏在城內

夏吃過冰淇淋
喝完冰咖啡
手拿著冰棒
推門出去
太陽仍用冷氣機
排出的熱氣

燒烤著街心
一面吃
一面冒汗
夏看了
自己都煩
坐上車
便往游泳池跑
脱掉衣服
走上跳板
沿著下降的溫度
往水裏跳

三 夏在體內體外

夏推開她的胸窗
坐在山水裏
還沒有坐穩
風起

雲動
雷雨說來
就來

夏從雷雨中走過
火氣減退
一陣涼意
把窗推得更深了
山光水色
依然盪漾
仍望著窗

詩人節四景

第一景

屈原
當你與世界往下跳
天空與江面都很暗
太陽便往水裏昇
暖暖的光流伴著
　清清的水流
送你入銀河
歲月划著龍舟
　隨你去
去了幾千年
此行　除了與詩人有關

同十字架也脫不了關係
聽說汨羅江的水
已可用來為世人受洗
如果從牧師手中
　灑下的聖水
　　是真的

第二景

詩人節
從匆忙的車輛裏擠過來
　　　我看不清
我只知道大家都在吃粽子
吃完粽子
將粽葉裹住端午
　放進塑膠袋
　　送上垃圾車
　　　急急帶走

那就是我看到的一首詩

第三景

當傳播媒體
較媒婆能幹
油墨與標題
又可直接製造詩人
心還去寫什麼詩
　空什麼靈
將「悠然見南山」的圓渾
圍坐成酒杯碰來碰去的圓桌面
把「山色有無中」的渾圓
放在現實的版面上切割成禮餅
詩便有另一種寫法
詩人便有另一種作法

第四景

有人在書本裏
用智識寫詩
在智識裏
用腦寫詩
在文房四寶裏
用文章寫詩
在動盪裏
用牆頭寫詩
在市場裏
用流行寫詩
在社會裏
用名片寫詩
在享受虛名裏
便不用寫詩

而屈原
你是在用淌血的心寫詩
　　　用詩寫詩
你走後
留下柳宗元獨釣寒江雪
　　　江底冷而靜
　　　江面孤而寂

斷骨記

一 椅子的解構藝術

我站上四張疊高的椅子
忽然一張斷了一邊腳
將我與世界摸不著方向的
　　　　　摔下來
　　　　　伏在地上
發覺自己也是斷了一邊的
　　　　　　　　椅子
四張倒塌的椅子
　　加上我那一張
不就成了一件活的
　　椅子解構藝術

要不是畫框裡的蓉子
說她已返鄉探親
帶走燈屋裡的一根支柱
這件作品也不會做出來

二　綜合藝術的演出

黃昏六時
我被推入急診室
躺在手術臺上
詩說　我的左手是打了麻醉劑
在睡的一句詩
藝術說　錄影機錄下手術過程
是錄影藝術
石膏綳帶包紮斷骨
是拼湊藝術
護士石柱般
我的左手斷柱般

架構著急診室
整個白色空間
是雕塑藝術
大夫說　作品完成
將我推入一一九號展示室

三　極限藝術的展出

在展示室
窗與來訪的眼睛都說
我不是布朗庫斯
「飛行中的鳥」
我是斷翅的天空
為恢復昇力
我的左手
斜吊在鐵架上
靜靜休息
時間

空間
世界
也一同斜吊在鐵架上
靜靜休息
一排靜靜休息的斜面
系列般進入統一的
結構形態
那不又成了一件極限藝術

註：因我在論文中說過，每一個人的生命，都是一件藝術品；人生的過程，是藝術的過程；生活的空間，是藝術的空間；生活的形態，是藝術的形態；所以有些詩友看我寫這首詩，便笑我跌倒斷骨，也當做藝術來看。

一九八八年十月

悲劇的三原色

中國人用的劍
　尖端是圓滑的
　　刺在腹上
　　　進去不深
只造成淤血的內傷
　有淒切的傷感
　有潛藏的隱痛
這種情形請去問帶著歷史
　一起跳江的屈原

日本人用的武士刀
　刀鋒是鋒利與尖銳　磨亮的
割在腹上

一條血河
沿著劇痛的傷痕
　　直達頂點
　登峯造極
將戰敗的日本
推上經濟大國
站在世界第一線
這件事可以去查三島由紀夫
　同尼采的血緣關係

韓國人抓住烈酒與
　零下的冰風
冰風的鋒利可穿骨
烈酒的火候可熔鑄刀力劍勢
江湖式的雄風豪志與狠
將不到黃河心不死
改為不到漢江心不死

韓國人硬把盛況空前的奧運會
　亮入全人類讚美的眼睛
這奇蹟請去問冰風與烈酒
　在人體裡藏著什麼預謀
　　　　與玄機

一九八七年

活在框裡的照片

大自然不穿衣服
天空　曠野
河流　海洋
便脫的精光
人看到風與鳥的自由
也想裸回去

人一直裸不回去
頭被髮型與銅像
　　　　抓住不放
身體被時裝與制服
　　　　抱住不放
手被抓去　舉起設計好的表決

嘴被抓去　高呼調製好的口號
臉被抓去　複印規劃好的封面
心被抓去　身體空在那裡
人便活生生依計算機量好的尺寸
　　　　　　　入框
　　　　活成框裡的那張照片

一九八八年

社會檔案

你用心血紅潤他
他復用刀插入你的心中
　　去要血
他手沾滿你的血在逃
（沿途預排有他的人）
大叫有人追殺他
你拔出插在心中的血刀
　　緊跟著後面追
旁觀的人指你是凶手
連上帝都看走眼了

一九八四年

社會造型藝術

一　電燈開關

明明是白的
往反面一撥
便全黑了

二　麵包店

最先矚目的
是那頂高帽子
戴上去的是光頭
　　　　禿頭
帽子才不管

更妙的　是搓來搓去的麵粉
放進一些酵素
送進暗房烤箱
　便膨脹擴大
　變形走樣
　美味可口
在人們的嘴中
　流行起來

三　圓桌與方桌

大家圍著坐
你恭我敬
我謙你讓
杯碰
心不碰
不同的心情筷子與口水

同進一個菜盤

通往腸胃的路
一直都不那麼順暢

一個人吃自助餐
靠著方桌坐
桌方人也方

看自己的錢
自己的心
自己的口味

三位一體進菜盤
通往腸胃的路
順暢多了
只是後來走到咖啡杯的旁邊
同誰聊呢

四 澡堂

泡在公共澡堂裡
難免臭味相同
細菌感染機會也多
最好每次出浴
用「蓮蓬」冲洗

一個人到山中洗山泉
又清又涼
風來景去
只是當你叫出一聲爽
卻叫來滿山靜

五 垃圾事件

A門前 堆有垃圾
B門前 堆有垃圾

C門前　堆有垃圾
D門前　堆有垃圾
E門前　堆有垃圾

你直說ABCDE門前
　堆有垃圾
　污染景觀

第二天醒來
所有的垃圾
　都堵在你望著花園的門口
警察問也不問
過來便開罰單

六　鳥與蟑螂

在沒有紅綠燈的情況下
所有的車都衝入黃燈

車頭車尾相對撞
在攪亂的方向裡
　　　搶出口

一隻鳥
帶著天空飛過
往下看　是擠滿在菜盤裡的
　　　　　　　一群蟑螂

一九九四年

煙的構成世界

一 煙的聯想

一座煉鋼廠
坐在原野上
一邊煉鋼
一邊把煙囪
抽成雪茄

他
坐在茫茫裏
一邊寫
一邊把香煙
抽成工廠的煙囪

二 煙三味

1.

在霧中
大家提著燈各趕各的路
各找各的門
手裏握的
全是鑰匙

2.

吞進一條江
吐出一條河
無風無浪時
山明水也秀
風起浪來時
天昏地更黑

3.

在時間的漠野上
所有的石柱都冷
只有它不停在燃燒
有意無意觸及它
那股暖流
僅次於女人的腿

一九八六年

天空

先是眼睛佔住天空
接著是一群鳥佔住眼睛
接著是鳥被遠方佔去
然後是一縷煙佔住遠方
　把天空放回來

天空除了會推窗
還會把眼睛像鐘聲交給遠方
當天空與你站成那把傘
　你已非傘下人

於是在失去鑰匙的下午
一杯酒或一杯咖啡都較海闊

船一開出
天空便成了沒有瞳孔的眼睛
影子們瘦成秋日的樹影
而你是唯一在落葉聲中
堅持不下來的那片葉子
陪著天空

一九七〇年

觀舞記

（看保羅泰勒現代舞）

你們一轉　地球跟著去
你們一停　鐘錶都不走

那些採星採月的手
在空中不動　都成了鋼架
那些踩花踩浪的腳
　大步大步跨過去
下面是千山萬水
就不能不飛了

鳥飛著你們去

雲飄著你們來
河在你們身上流動
海在你們身上波動
天空在你們身上旋動
光波在你們身上跳動

你們換位來日月
　穿插來花蝶
　擴散為霧
凝聚成山

幕落時　一朵朵不凋的讚美
　在不斷的掌聲中盛開
直喊你們是杜菲筆下的線條
　康利摩爾刀下的石雕
杜步西眼中的音樂

一九七九年

先看為快

黎明用一塊發亮的
　　玻璃窗
　　圈住我
周圍的黑暗
站在旁邊看
不一會
光衝進來
將我叫出窗外
太陽剛起床
其他的床仍在睡
　　愛在睡
　　情在睡

都市在睡
世界在睡
尚未啓用的天空
是一幅不沾筆墨的禪畫
太陽蓋下第一個圓印
叫我先看為快

一九九一年一月

文化空間系列

一 三座名山

自從大自然的山水
　交給大廈的盆景收養
人們一早打開鋁窗
悠然見不到「南山」
　　便趕往證券行
　　　爭先恐後
　搶著看「金山」
一回首
背後是跟著槍聲過來的
　　　「長白山」

二 「雪」與「魚」的對話

故宮坐在外雙溪(註)
　　獨釣寒江雪
一大群人湧進海鮮店
　　　　蜀魚館
大叫清蒸尼羅河紅魚
　　　　一魚三吃
管它長河落日圓不圓
魚鍋早就圓在火上
當文化被筷子速寫成消化
空靈便跟著乾後的酒杯
　　　　倒轉過來
　　　　成為靈空
那裏來的無聲勝有聲
在猜拳的大吼大叫中
那裏來的空谷之音

在1號唏哩嘩啦的
抽水馬桶聲裏

註：「長白山」多強盜與土匪。
「外雙溪」故宮所在地。

一九九〇年七月

中秋節的異象

中秋節
月亮是從天空裏
　唯一出爐的一個月餅
吃了幾千年
仍圓在那裏
圓給團圓看
圓給破鏡重圓看
圓給無缺的圓滿看
圓給圓看

至於千萬個照月亮複製的月餅
進入牙門之後
一個個都不見了

隨著唱完的月光曲
便消失在列隊買漢堡的人潮裏

今夜
抬頭望明月
低頭得小心車禍
自從嫦娥奔月
搭太空船出走
想像一直找不到她
月亮只是用光塑造的一幢空屋
ARMSTRONG進去又出來
那個浪漫多情的故事
便很少有人説了

一九九一年九月

舊曆年印象

放年假的都市
關上店門
留下大街小巷
張開暢通的喉管
大唱空城計

放年假的田野
靜坐在穀倉裏
等著年
走進貼滿春聯的門户
來報喜

年吃過年夜飯

圍著十錦果盤
　團圓
　　守歲
一大早被鞭炮聲叫醒
先用年糕黏住甜甜的歲月
將大吉大利包入紅包
然後把字典中所有的成語
　都改成恭喜發財
　　萬事如意
　　輸入電腦
　　見人就說

一九九二年二月

觀燈記

六十九盞燈
亮成一條光河
我們在河岸上
圍觀著年的尾巴
　娓娓的游過去
若有水花濺起
必美成龍山寺閃爍的花燈

要是歲月在憶念中
　也是一種鄉土
這些燈便都開花在
　最古樸的土地上
光彩滴落有聲

可聽見瓦屋外的更漏
　瓦頂上的露水
光彩流動有形
可看見紙窗上的燈蛾
　格子窗裡的燈影

今晚
每盞油燈在電燈光下
　都有鄉愁
都望著時間走入農曆
　空間走回農田

註：元宵前夕應邀參觀油燈展示會，到有梁實秋夫婦、林文月教授、沈謙教授、施翠峯教授、詩人尚有蓉子、瘂弦、作家三毛、方瑀、張長華等人士。

一九七八年

「明星咖啡屋」浮沉記

茶在沈思
咖啡在默想
文學在高談
藝術在闊論
時間在筆下奔馳
空間在稿紙上展開
「明星」曾是一輛光的列車
　　坐滿了文學與藝術

自從搖滾樂
連搖帶滾　鬧進臺北街頭
卡拉ＯＫ　一路ＯＫ過來
先是鄰近的「田園音樂廳」

停放「田園交響樂」
一群人迫著從「田園」出走
另一群人帶著都市搖滾進來

在玻璃大廈四面反射的光裏
在雜誌封面亮出那麼多
袒胸露背的女明星中
「明星」只好暗淡下來
冷冷清清　清清冷冷
望著一個個燈下的沉思者
熄燈離去
一個個抱著公司行號
開燈坐進來
要談　談股票
要看　看鈔票
至於從茶與咖啡中冲出來的
「純文學」與

「現代文學」
只好流落到舊書攤
　不聲不響

註：幾十年來，供作家寫稿、聊天、座談的「明星咖啡屋」與供大家聽古典音樂的「田園咖啡廳」，均是當時文人雅士常去的地方；也是著名的文藝沙龍；且像是飄搖在以往文化空間裏兩個精巧美麗的氣象球，但隨著都市高度發展的物質文明，帶來各種新潮熱門的餐飲室與咖啡廳以及旋風般捲過來的搖滾樂、卡拉ＯＫ、ＭＴＶ與許多偏向官能滿足的休閒娛樂場所，它便不能不遭受到沒落與沈淪的厄運。如今，留在大家記憶中，只是一朵淒美的文化鄉愁；一聲感嘆！

一九九〇年四月

浪漫與古典

你是瀟灑的水
吸納整座太陽的熱能
以火的光彩與繽紛
昇華到最高的頂點
　　便凝結成我

我是晶瑩的冰
蘊藏整座太陽的熱量
溶化為水的溫柔與明麗
　　迤邐入無邊的遼濶
　　　便流動成你

你握住我的凝結　掌心中有火

我握住你的流動　血管中有河
你我相握
海的心與浪的情
無論是靜是動
　是冷是熱
　　都在一起

一九七六年七月

火山

困在黑暗與陰鬱中的大地
再也忍不住
有話要說
它是大地之嘴
怎能不張口
口一張
便怒火冲天
將那壓抑不住的
全說出來
說給光看

一九九二年五月

香港腳

香港
是一隻倒進各種品牌香水的
　　　　　　洗腳盆
從各地癢過來的腳
都泡在盆裏止癢
癢也有路可尋
一條坐渡輪
　到澳門賽馬場與賭場
一條看報找銀行股市
一條摸進麻將館
一條逛入百貨公司
　　　　中藥舖
　　　　土產店

茶樓與
粵菜館
然後將盆裏的腳一拔
繞著淺水灣與機頭
彎回去
如果腳還在癢
那是真的香港腳了

註：到香港去旅遊與購物的旅客特別多，則到香港去的腳，當然也多。由於後現代的解構意識，令人討厭的「香港腳」也可視時機入詩了。

一九九三年十月

球賽系列

一 球賽用看的

打高爾夫球
把藍天碧野與球
都打到洞裏去
團圓在一起

打保齡球
把東西德的圍牆與
鐵欄干
全推倒

打乒乓球
打來一場聯合國的乒乓外交
你攻我守

我擊你打
打網球
打出一場宮庭式的比劍
死來活去
劍劍驚心

打棒球
一棒把球場打出去
打回一個美麗的
四方城

打籃球
摘到籃裏來
把落日一個個

打足球
把地球一腳
踢進宇宙的大門

二 球賽用聽的

高爾夫球是嘹亮越野的法國號
保齡球是一座多弦的豎琴
乒乓球是一把來回拉的二胡
網球是小提琴鋼琴二重奏
棒球是敲打樂
籃球是室內樂
足球是交響樂

一九九一年一月

婚禮進行曲

婚禮進行曲
為愛情開一條黃金大道
　　鋪著紅毯
愛帶著歡樂在走

紅毯的兩邊
站滿祝賀與祝福
鮮花　彩帶　笑容
　一路繽紛過來
紅毯的後邊
是一部甜蜜的戀愛史
　被美麗的回憶
　一路看回去

紅毯的前邊
　是世界最美的頂點
手携手
心連心
步上去
説一聲海誓山盟
將印章與吻　都印入誓言
你把天上的太陽
　放進她的指環
她把天上的月亮
　放進你的指環
愛的世界便圓圓滿滿
　　永遠發光

註：這是爲友人婚禮寫的一首雅俗共賞的祝賀詩

一九九三年十月

完美是一種豪華的寂寞

你是廣大的天空
就不能只讓一隻鳥
　　飛進來
即使是天堂鳥

你是遼闊的原野
就不能只讓一棵樹
　　長進來
即使是神木

你是連緜的山
就不能只讓一樣金屬
　　藏進來

即使是鑽石

你是深遠的海
就不能只讓一條河
流進來
即使是長江

你是壯麗的大自然
就不能只讓一種風景
美進來
即使是山明水秀

你是燦爛的歲月
就不能只讓一個節日
笑進來
即使是狂歡節

你是無限的時空
就不能不讓短暫
走出去
永恆住進來

你是完美
就得因完美
永遠守在那份
豪華的寂寞

註：（此詩寫在一九七一年，經修改後發表於一九八六年）

附錄

(1)詩人・詩論家眼中的羅門

(2)羅門年表

附錄一

詩人·詩論家眼中的羅門

·詩人楊牧教授在出版《羅門詩選》時認爲：詩人羅門是詩壇重鎭，詩藝精湛，一代風範。

·大陸名學者文學批評家劉夢溪說：「初讀羅門詩，我被驚呆了。完全是另外一種思維、另外一種意象、另外一種符號。彷彿是詩歌的天外來客，文學的陌生人。古往今來，弄文學的人是最沒有力量的。但羅門的詩崎嶇、輝煌，有無堅不摧的力量。在羅門的詩前面，人類變得渺小。『戰爭都哭了，偉大它爲什麼不笑』。《麥堅利堡》的這一詩句昭示出羅門創作的全部力量源泉，同時也是解開羅門詩歌之謎的一把鑰匙。」（見「羅門、蓉子文學世界」學術研討會論文集）

·詩評家張漢良教授評介羅門時說：羅門是臺灣少數具有靈視的詩人之一，反映現代社會的都市詩，他是最具代表性的詩人。

·評論家蔡源煌教授對羅門創作的某些看法：羅門所要表現的，也就是他所謂的「第三自然」，第三自然的塑造，是以萬法唯心爲出發點：包括了超越、永恆的追求，乃至原始基型的援用。

·大陸批評家謝冕教授說：「羅門的視野和胸襟屬於世界。那種國際性、世界性和現代的品質卻成爲了他的靈感和支柱。」

•評論家鄭明娳教授曾在論文〈新詩一甲子〉中指出：羅門是當代中國詩壇都市詩與戰爭主題的巨擘。

•詩人兼評論家羅青教授稱譽羅門是現代詩人中最擅長使用意象與譬喻的詩人

•詩人兼評論家林燿德在論文〈羅門都市主題初探〉中說：羅門是「在文明塔尖上造塔」的詩人。

•詩人兼散文家陳煌在論文中說：羅門是「都市詩國的發言人」。

•詩人兼評論家蕭蕭說：羅門的詩，具有強大的震撼力；他差遣意象有高人一等之處。

•詩人兼散文家陳寧貴說：羅門，已成了現代詩的名字，他是現代詩的守護神。三十年來，他放棄了一切物質的享受，把自己獻給繆斯。然而這期間卻有不少詩人拋開了繆斯，把自己投入現代文明物質享受的虎口中。

在近代詩壇上，像羅門如此純眞、專一的詩人極爲罕見。加以他取之不盡、用之不窮的才情，使他從事現代詩創作三十餘年，已爲現代詩開拓出一條嶄新亮麗的大道。有時我想，如果現代詩壇沒有羅門，將是多大的遺憾。

•早期以才情突出詩壇的詩人阮囊說：我讀羅門的作品，一向使我感到花團錦簇，光芒四射，令我目不暇瞬，不管從那個角度看，羅門的智慧、思想、人性的光輝、統馭詞彙的能力，都駕乎我們這一代詩人…在詩的王國裏，羅門永遠是那麼豪華，那麼富有……」

•詩人王潤華教授讀羅門的〈麥堅利堡〉詩，曾在文章中發表感想：英國詩人 P. Larkins 的〈上教堂〉是呱呱叫的作品，在倫敦被視爲最透視人類精神的，但我認爲比不上羅門的〈麥堅利堡〉……。

·詩人兼詩評家陳慧樺教授說：讀羅門的詩，常常會被他繽紛的意象，以及那種深沉的披蓋力量所懾罩住……，不管在文字上、意象的構成上等等，羅門的詩，都是最具有個性的。他的詩，是一種龐沛的震撼人的力量，時時爲「美」工作，是一種新的形而上詩……。

·詩人兼詩評家季紅說：羅門無疑是今日現代詩壇一位重要的詩人，他的前衛意識，他的創造精神，他的深刻觀察與他突出的表現，都使他成爲重要的詩人。

·詩人兼詩評家陳瑞山教授說：「羅門的作品，按今日世界先進國家文明的發展趨勢來看，在未來的世界中當屬一級。這是從羅門的詩所探觸的深、廣度看；更重要的是他的詩是當今時、空中「活著的」詩。它們活在今日的每一時空分子中，這也就是羅門詩作先後會有學院派的學者之研究的最大基點。」

·青年詩人兼藝評家呂錦堂在評介羅門時說：羅門是位才華橫溢的作家，他以銳敏的靈覺去從事藝術的探索完成許多豐富人類心靈的詩作，是一位享譽國際文壇的中國現代詩人，也是一位推動中國現代詩的健將，其作品無論深度、廣度與密度都十分完美。其詩作予吾人的印象是氣勢磅礴，富於陽剛之美，他將全生命投入藝術，擁抱藝術，故作品有著強烈的生命力……。

·詩人兼散文家陳煌說：以追求藝術的永恒之心來講，羅門算是最能掌握其最內裏最震撼的那刹那脈動的詩人，對人性——或者談所謂的生命的詮釋，以及內心的審視反省，羅門似乎肯以整個心去投入，去透視——這點，表現在詩上的成就，不但在質量和數量上皆較同世代其他的詩人都豐富，眼光尤鞭辟入裏。看來，羅門是一個永遠對生命忠誠而渴求自省批判的詩人。

·詩人和權說：盛傳羅門先生豪放不拘，文采華美，是臺灣少數具有靈視的「重量級」詩人，也是一位飲譽國際文壇的中國現代詩人。〈羅門詩選〉，愈讀愈有味，深覺得羅門先生感情眞摯而眼光銳利，意象繁富語言亮麗，幾乎篇篇皆有強大的撞擊力。用字精確，節奏的操縱十分圓融。可以預言，羅門先生許多巨構型作品，將會星斗一樣地均佈在歷史的夜空裏，永遠閃爍著迷人的光芒。

羅門在中國現代詩壇，無疑是風雲人物。他創造了自己獨特的聲音，完成的每篇作品都有超卓的表現，而種種活潑的意象，被他大量地使用著，他的詩有澎湃激越的情緒，也有平穩的情感，不但引起海內外衆多讀者內心的共鳴，也使萬千讀者在細細品讀他的詩作之過程中，產生快感與美感，同時獲得啓示。

他被稱爲「重量級」的詩人，印證於他技藝上乘的作品，誠非過譽。

·詩人林野說：源於都市景觀和人類生存層面的題材，一直爲詩人們努力地探討和詮釋。但探討此類的作品，多半由於語言的傳熱性和導電度不佳，或侷限於物象的表淺切割，以致不能激發強烈感情的痛覺反射所造成的心靈震撼，也就不足爲訓。在當今國內詩壇，詩人羅門對於這些尖銳、猛烈的事物，始終投入最灼熱的觀照，可貴的是他對現代感的瞬間捕捉，透過冷靜的內省，精準地把高度活動性的意象和疊景，拉攏到靈視的圓心。從他的詩裏，經常可聽見血的聲音，都市譫妄的幻覺，同時也看到現代人迷惘的表情。

•詩人張雪映說：羅門是一位較爲「直感」的詩人，他直接地「自覺」於內心最原始的生命力之悲劇精神，我們可從羅門大量作品裏，窺出他面臨現代都市文明與戰爭、死亡與自我的關係，在在呈現出羅門內心所欲渴求的超越性，欲藉著他所勾勒出來的媒體意象，引導著同感的讀者走向孤寂沉思的高峯，並運用他超越性的動感語言，加速著讀者血液的循環、與強調出內心的震撼。在羅門諸多的詩作中，〈麥堅利堡〉成功地達到了上述的境界。

•曾任晨光詩社社長、任教實踐專校的詩人葉立誠，他以〈詩壇五巨柱〉爲題，評介詩人羅門時他說：羅門是當今詩壇具影響力、成就斐然、獨塑一格的詩人，「詩風堅實、意象朗暢、音響跌宕，」藉直視的外在觀察與體認，透過昇華、交感的過程，而精鍊出靈視無窮的內在心象世界將心靈的活動融注在詩境，表現詩人個人內心對生命存在感知的「有我之境」與物我兩忘、又兩在的「無我之境」，是極獨特的藝術觀。他不時強調藝術與生命結合，導引出一份強烈的關懷與執著。羅門在漫長的詩路生涯中，之所以屹立不搖，廣受詩壇尊崇，正是本持「人詩合一」的哲理了。較其他詩人，羅門曜能本著藝術家的精神，歸向若似宗教家的廣博胸懷能像一面透視的廣角鏡，從心靈擴充至整個藝術宇宙。

•詩人兼詩評家張健教授對羅門的「都市之死」詩的佳評：「都市之死」是羅門的力作。那種寓批判於感受的作法，自非無前例可援。而主題之凸現，又較同型的「深淵」（瘂弦）、「咆哮的輓歌」（方華）爲甚。除了朗然的風格外，更予人堅實矗立的感覺…大刀闊斧的比喩之羅列，破釜沉舟的死亡之爆發，造成了一股鮮有其匹的尾聲。…它比瘂弦的「深淵」觸及的面廣泛，與現實則多了一層象喩式的距離，但此點並未減弱了其雄渾的力量。較之「咆哮的輓歌」，它沉着些，焦點也清晰些」

•詩人兼詩評家張健對「麥」詩的佳評：「這首詩給予人心靈上一種肅穆的窒息感…，這首詩是氣魄宏壯，表現傑出的；而且眞正地使人感覺到自己讀了這首詩就如身歷了那座莊穆而能興起「前不見古人，後不見來者的紀念堡。我不想引太多割截下來的佳句，因爲他正像「一幅悲天泣地的大浮彫」，作者在處理這首詩時，他的赤子之誠，他的對於歷史時空的偉大感、寂寥感，都一一的注入那空前悲壯的對象中，我也許可以步斷地說，這是年來詩壇上很重要的一首詩……羅門這首詩是時空交融，是眞正地受了靈魂的震顫的……」

•詩人兼散文家陳煌在「談羅門詩中的戰爭表現」論文中說：「……『麥堅利堡』仍如同羅門寫城市詩一樣，他帶着透視的批判性來表達戰爭詩的境界，叫人被懾於他的驚人感受力與龐沛的語言。……他筆下的詩就宛如一把利刀，以某種角度對戰爭做了最好的批判解剖……」。

•詩人兼評論家林燿德在論文「論羅門對於戰爭主題」中說：「……名詩人麥凱（J.

Macrae 的『在梵蘭特戰場上』一詩，並未流入戰爭的本質……未能如羅門在『麥堅利堡』詩中，與神之間的辯證。……另覃子豪『棺材』一詩，以棺材的意象解剖戰爭的冷酷，但是未如『麥堅利堡』，在雄渾的氣勢下給予戰爭一個多歧義的問號，這個問號其實也是人類存在的答案……『麥堅利堡』是以巨視的觀眼去看被戰爭摧毀的生靈……筆者認爲羅門在戰爭文學的傳統上，繼承抗戰以降中國詩人人道主義的精神，並且在內涵以及表現手法上都有青出於藍的成就。」

- 名詩人夐虹在六十年八月廿三日寫給蓉子的信中說：「羅門『麥堅利堡』是一首偉大的詩……」。
- 傑出青年詩人苦苓來信說：「『麥堅利堡』確是一首感人的鉅作…，你在國際詩壇的地位或者就建立於此吧！在此詩內使人被無比巨大的宇宙之生命的力量衝擊得無法自己，你的敏銳與架構能力確是不平凡的。」
- 名詩人菩提來信說：「讀到『麥堅利堡」詩時，便對自己說：這下子羅門了不起了，你的詩人的情操，到『麥』詩，才眞正的表露出來，那是一首了不起的詩，尤其是在戰爭的夾縫中，能敢於如此澈底痛快、淋漓、壯麗、悲憫的表現出來，不是有幾十年道行的詩人，是辦不到的，包括他天生就是一個詩人在內」
- 傑出青年詩人張堃來信說：「你的『麥堅利堡』，被搬上中國文學史都不能有所置疑」
- 非律賓千島詩社社長兼辛墾文藝主編和權詩人讀「麥堅利堡」來信說：「最近讀了國

內多位詩人以「麥堅利堡」爲題的詩作，比較之下我覺得你的「麥堅利堡」寫得最出色，給人印象最深刻，我昨夜重讀你的「麥堅利堡」，深受震撼頻呼過癮而拍桌叫絕」。

• 菲律賓詩人（世界日報副刊主編）雲鶴來信說：「『麥堅利堡』詩是一首不朽的創作…

• 菲律賓女詩人謝馨來信說：「練習背誦『麥堅利堡』詩時，常被詩中的字句激動的泣不成聲…羅門先生你的詩實在寫得太好了。」

• 詩人高歌（高信疆）說：羅門寫詩，是有其自己的態度的。他雖然極端承認外在的環境，但也極其傾向內在；他用愛人的態度擁抱了這個世界，他也同時用哲人的靈智來安定自己；在他心靈的內外，永遠有一個對照的世界，互相凝視着，呼應着……所有他詩中的主題：生命、愛情、都市、戰爭、死亡、音樂與美、以及一切飄浮在時代上空的物慾和悲劇，都在這一相互的凝視中走出它們外在的形貌，走入他自己心靈的眞實與恒永中，靜靜的溶化了。

直到最終，它們都成爲了那條在他體內發出聲音的河流。

• 洪範書店〈羅門詩選〉的出版簡介：這位被看成「重量級」的詩人，的確具有他與衆不同的特殊面，他對詩與藝術所表現的近乎宗教般虔誠與執著的情懷，以及一直強調現代詩與現代藝術的原創力、新穎性、現代感與前衛意識，是至爲強烈與突出非凡的；同時他透過詩，採取心靈的廣角鏡，突破所有偏狹的視道，多向性地探索現代人內在世界活動的境域（包括自我、性、都市文明、戰爭、死亡與時空等生存層面）是具有極銳利的透視力與洞見的，因而能兼顧與掌握創作的深廣度；尤其是他繁富傑出的想像力，使意象世界不斷向詩境放出卓越的光能，是強大且具震撼力的。

·評論家鄭明娳教授評〈羅門詩選〉：〈羅門詩選〉很能呈現作者個人的發展及成長的軌跡，又能結合時代精神，具備現代化觀點，他誠然是位不屈不撓，把生命奉獻給詩神的桂冠詩人，不愧是現代詩人的典範之一。我們衷心盼望在〈日月的行蹤〉之後，羅門的創作生涯將比日月走得更遠。〈第九日的底流〉一書出版後，風格丕變，雖然他的語言仍有深厚的抒情風格，但是在詩想和詩質上都轉入高度的知性層次。在雄厚的思想架構上，發展出主題與技巧並重的幾個大方向。他最重要的幾首詩如〈第九日的底流〉、〈麥堅利堡〉、〈都市之死〉等都是此一時期的作品。〈第九日的底流〉實爲羅門的躍昇期，在短短數年間，完全擺脫一般詩人持續甚久的少年浪漫期，一轉爲成熟深刻的思想家形貌，用語言的魅力建構出一個羅門式的心靈世界。〈第九日的底流〉一詩是羅門第一次大規模製作以死亡與心靈爲主題的詩篇，且已經援用「圓」、「塔」及「河流」三大造型來進行他內心世界的層層探索。羅青稱譽他是現代詩人中最擅長使用意象與譬喻的詩人，在此輯中可以得到印證。

〈都市之死〉是羅門另一重要的發軔。他被陳煌譽爲「都市詩國的發言人」，評論家康旻思也曾在〈草根〉詩刊〈都市詩專號〉中揭示羅門都市詩的貢獻及深遠的影響。

·時報文化出版公司出版羅門〈曠野〉時，鄭重堆介：〈曠野〉是羅門的第五本詩集。

是此位現代主義的急先鋒，在寫詩三十年之後的重新出發。

羅門詩作的最大特色，在於他豐富的意象、新鮮的感性和充分的現代感。他能融合現代畫的構圖、現代電影的蒙太奇及現代小說的意識流，交織成萬花筒般魔幻的世界。他用「曠野」象徵現代精神生活的荒涼，但也暗示了它的遼闊和無限的可能性，比諸艾略特的〈荒原〉，有異曲同工之妙。

如果在今天要找一個最能表現都市文化的詩人，羅門無疑是個中的代表。

•光復版〈整個世界停止呼吸在起跑線上〉的出版簡介指出：

這是一代大師羅門石破天荒的新作。對於文明、戰爭、都市及大自然主題，這位孤傲高貴的現代精神掌旗人，持續他心靈的透視和省思，音韻鏗鏘、形式壯闊，其中傑作如〈時空奏鳴曲〉，大膽揭露中國人的命運，感人至深，是現代史詩的經典之作。

•第一屆世界詩人大會在菲律賓馬尼拉召開，大會主席尤遜（Dr. yuzon）在開會典禮上曾當着數百位來自美國、蘇聯等五十多個國家代表，讚說：「羅門的『麥堅利堡』詩，是近代的偉大作品，已榮獲菲總統金牌詩獎」。

美國代表凱仙蒂・希見（Hyacinthe Hill）女詩人，是大會風頭人物。她的作品曾與美著名詩人龐德（Ezra Pound）、惠特曼(Walt Whitman)金士堡(Ginsberg)、康敏思（E.E. Cummings）、狄更生（Emily Dickinson）等選入一九六九年在美出版的『The Writing on the Watt』詩選。她讀過「麥堅利堡」詩後，寫出她的感言：「羅門的詩有將太平洋凝聚成一滴淚的那種力量（Lomen's poetry has the power of the pacific ocean distillate to a tear)」

美國詩人代表高肯教授（W. H. Cohen）他也是這次大會的活躍人物。曾是美國大專學校的駐校詩人，於民國六十八年（一九七九）應聘來臺任政大客座教授，讀過「麥堅利堡」詩後寫出他的感言：「羅門是一位具有驚人感受性與力量的詩人，他的意象燃燒且灼及人類的心靈……我被他詩中的力量所擊倒。（原文：Lomen is a poet of astonishing felling and power, his images sear and burn men' sbeing……cohen who is auestruck by the power of his poetry）。

• 美國詩人代表李萊・黑焚（Leroy hafen）博士，在各國代表到馬尼拉近郊參觀「麥堅利堡」軍人公墓時，他提議由他朗誦羅門的「麥堅利堡」，並請大家於朗誦前向七萬座十字架默哀一分鐘，在低沉陰暗的天空下，讀完，至爲感人，並寫下他的誠心之言：「李萊・黑焚能在麥堅利堡十字架間爲世界詩人大會朗讀這首偉大的詩，使我感到光榮（Leroy hafen was honored to read this great poem for the world Congress of poets amid the acroses at Fort Mckinley)」

• 美籍教授卜少夫博士（Robert J. Bertholf）在寫羅門蓉子「日月集」英文詩集序言中說：「羅門的「都市之死」這首詩，近似是中文的T・S艾略特的「荒原」…」

學者、評論家、詩人、作家對羅門理論創作世界的評語

• 評論家蔡源煌教授說：羅門講的「第三自然」，自己也喜歡塑造象徵的形象，這個形

象就代表某種精神境界，長期把它呈現出來就可以形成一種體系。

·前輩藝評家虞君質教授在世時讀羅門的詩文寫出：「我喜歡羅門的『麥堅利堡』，更欽佩羅門對『現代人悲劇精神』的闡釋。

·詩人張錯在美國唸博士學位時說：「我在臺灣時看到文壇名家的文章，眞給嚇倒了，現在卻不當一回事，倒是羅門的幾篇論文比較 Original」。

·詩人張健教授在53年20期「現代文學」上說：「羅門的『現代人的悲劇精神與現代詩人』可推爲年來詩壇罕見的詩論」。

·詩人蘇凌教授在當時也說：「羅門的『心靈訪問記』是我這幾年來看到的最好的一篇有關於詩與哲學的思考等的中國創作，可說是相當偉大的論文。」

·詩評家周伯乃在彙編「當代中國文學批評選」時曾說：「在來稿中，羅門的那篇大作『現代人的悲劇精神與現代詩人』是壓軸的傑作，無論對詩對人性都有了澈底的批判，我很欽佩那篇文章」。

·詩人洛夫在出版「石室的死亡」詩集之後，讀羅門的論文說：「羅門的論文並不是一種純客觀的論文，有點近乎紀德與愛默生的散文，因它的啓示性較論說爲多，今天在臺灣寫這一型文章的，羅門還眞是數一數二的。其實羅門的心聲也是大多數具有自覺的現代人的心聲……」。

·詩人張默主編的『現代詩人書簡』對羅門的「心靈訪問記」那篇文章發表意見說：「『心靈訪問記』無疑會成爲一篇重要的文獻，作者提出現代詩人的七個問題……作者對每一個問題，均穿透自己的靈視，作了相當精闢的解說，使人讀後不難感知他射噴的精神逼力是如何深厚」。

• 詩人兼畫家林興華說：「我是那麼感動於羅門的『心靈訪問』，它是多麼能引發人的深思，在國內這方面，推羅門爲一把交椅是無疑了。羅門的著作，我幾乎嗅到一股『劍氣』，宣言式的字句、格言式的言語，直搗吾們的心房，一擊而心痛半輩子……」

• 散文作家林文義讀羅門「時空的回聲」後，寫着：「『時空的回聲」實在是現今詩壇最有氣魄的論文集，羅門將因這本鉅作而不朽，我被它深切的感動了…」。

附錄二

羅門年表

1

民國十七年（一九二八年）出生於海南省文昌縣。

民國三十一年（一九四二年）十四歲進空軍幼年學校。

民國三十七年（一九四八年）進杭州筧橋空軍飛行官校，直至三十九年。

民國三十七年（一九四八年）代表空軍足球隊參加在上海舉行的第七屆全國運動會。

民國四十一年（一九五二年）考進民航局工作。

民國四十八年（一九五九年）考試院舉辦民般高級技術員考試合格，調任民航局臺北國際機場高級技術員。

民國五十一年（一九六二年）赴菲觀摩民航業務，並接受前菲華文化訪問團團長黎底斯瑪夫人及文藝界人士之餐宴。

民國五十六年（一九六七年）往美國民航失事調查學校研習，並獲奧克立荷馬州州長頒發榮譽公民狀。歸國不久，參加CAT B727型機在林口失事調查工作。派任民航局民航業務發展研究員。

民國六十六年（一九七七年）辭掉所有上班作工，專心從事詩創作。

2

民國四十三年（一九五四年）

□認識女詩人蓉子，開始寫詩。

□發表第一首詩「加力布露斯」，主編紀弦特別以紅字刊登於「現代詩」季刊封底。

民國四十四年（一九五五年）

□與女詩人蓉子結婚，並舉行婚禮朗誦會，由詩壇老友紀弦、彭邦楨、上官予等數位先生朗誦詩人覃子豪、鍾鼎文、彭邦楨、李莎、謝青等寫的婚禮祝賀詩。

民國四十五年（一九五六年）

□調派民航局臺北國際檢場技術部門工作，並接受航空專業訓練。

民國四十六年（一九五七年）

□作品選入大業書店出版的「中國詩選」。

民國四十七年（一九五八年）

□出版「曙光」詩集，分別獲得「藍星」及「詩聯會」等兩項詩獎。

民國四十八年（一九五九年）

□追念樂聖貝多芬，於十二月著手寫「第九日的底流」長詩。

□作品選入文光圖書公司出版的「當代中國名作家選集」。

民國四十九年（一九六〇年）

作品選入余光中教授英譯的「中國新詩選」。

民國五十年（一九六一年）

□一月初完成「第九日的底流」這首顯著不同於過去創作風格的長詩。

民國五十一年（一九六二年）

□赴菲觀摩民航業務，寫成「麥堅利堡」詩。

□同蓉子主編「藍星詩頁」。

民國五十二年（一九六三年）

□出版詩集「第九日的底流」。

□作品選入胡品清教授法譯的「中國新詩選」。

民國五十三年（一九六四年）

□出版論文集「現代人的悲劇精神與現代詩人」。

□同蓉子主論「一九六四年藍星年刊」。

民國五十四年（一九六五年）

□結婚十週年紀念同蓉子環島旅遊，並寫「假期」一詩、並完成二百多行的長詩「死亡之塔」

民國五十五年（一九六六年）

□同蓉子被ＵＰＬＩ譽爲「中國傑出的文學伉儷」，由菲駐華大使劉德樂在大使館舉行頒發菲總統馬可仕金牌獎。

民國五十六年（一九六七年）

□「麥堅利堡」詩獲菲總統馬可仕金牌奬。

□作品選入七十年代詩選。

民國五十七年（一九六八年）

□美亞出版羅門蓉子英文版「日月集」詩選（由榮之穎博士翻譯）。

□擔任文化局舉辦復興文藝營講座。

民國五十八年（一九六九年）

□出版詩集「死亡之塔」。

□出版論文集「心靈訪問記」。

□作品選入創世紀詩社出版的「中國現代詩論集」。

□同蓉子被選派爲中國五人代表團，出席在馬尼拉召開的第一屆世界詩人大會，並被大會譽爲「世界詩人大會傑出文學伉儷」，獲菲總統大綬勳章。

□擔任文化局主辦的復興文藝營詩講座。

民國五十九年（一九七〇年）

□作品選入葉維廉教授英譯的「中國現代詩選」。

□與蓉子被列入在倫敦出版的「世界詩人辭典」。

□「死亡之塔」詩，被圖圖畫會舉辦的同仁出國告別展中，以繪畫、雕塑、音樂、幻燈、舞蹈與詩等綜合演出，爲中國綜合藝術表演之首創。

□擔任文化局辦的復興文藝營詩講座。

民國六十年（一九七一年）

□作品選入榮之穎博士英譯的「中國新詩選」。

□作品選入日文版「華麗島」詩選集。

□同蓉子主編一九七一藍星年刊。

□應聘爲詩宗社首屆全國詩獎評審委員。

□擔任北師心潮社指導老師。

□作品選入仙人掌出版社出版的「一九七〇年詩選」集。

民國六十一年（一九七二年）

□作品選入韓籍許世旭博士等主編的韓文版「世界文學選集（詩部份）」。

□作品選入韓籍李昌培博士主編的韓文版「廿世紀世界詩選」。

□作品選入「中國現代文學大系」（巨人出版社出版）。

□笠詩社仝人以「麥堅利堡」當作名詩予以集體討論。

民國六十二年（一九七三年）

□作品選入正中書局出版的「六十年詩歌選集」。

□與蓉子獲文學榮譽博士。

□應邀往南部做詩的巡迴演講與座談。

□參加在臺北舉行的第二屆世界詩人大會。

□配合第二屆世界詩人大會在臺北舉行，策劃現代詩畫首次在歷史博物館展出。

民國六十三年（一九七四年）

□出版論文集「長期受著審判的人」（環宇出版社出版）。

□作品被介紹於韓籍尹永春教授撰編之韓文版「現代中國文學史」。

□應聘爲吳望堯基金會全國詩獎決審委員。

民國六十四年（一九七五年）

□作品選入國立編譯館英譯的「中國現代文學選集」。

□出版「羅門自選集」。

□擔任大專院校文藝夏令營指導老師及詩講座。

□擔任中國新詩學會常務監事。

民國六十五年（一九六七年）

□作品選入大昇書庫出版的「廿世紀中國現代詩大展」詩選集。

□作品入選巨人出版的「中國現代文學年選」。

□六月間同蓉子出席在美召間的第三屆世界詩人大會，獲大會特別獎與接受大會加冕，接受美國之音記者專訪，並遊覽美國各大城市。

□十一月間，應韓國國際筆會邀請，參加中國現代詩人訪問團訪韓。

□作品選入「八十年詩選」（濂美出版社出版）。

□擔任大專院校文藝夏令營指導老師及詩講座。

民國六十六年（一九七七年）

□作品選入「中國當代十大詩人選集」。

□作品選入文復會選編的「文藝選粹」幼獅文化事業公司出版。

□擔任文協詩歌創作委員會副主任委員。

□擔任大專院校文藝夏令營指導老師及詩講座。

民國六十七年（一九七八年）

□主持成文出版社在耕莘文教院主辦的現代詩座談會，有知名詩人多人主講，聽衆數百人。

□以詩作數篇參加作曲家李常泰的「傳統與展望」在國父紀念館演出，並爲演出寫序文，發表於九月十三日的民生報。

□擔任大專院校文藝夏令營指導老師及詩講授。

□擔任文協詩歌創作委員會副主任委員。

□擔任臺灣大學文學獎詩獎決審委員。

□在龍田出版社出版的三十年來「中國現代文學的回顧」專集中，擔任寫詩部份的專文。

民國六十八年（一九七九年）

□作品選入羅青主編的「小詩三百首」選集。

□作品選入聯亞出版社出版的「當代情詩選」。

□與蓉子參加中國代表團出師韓國召開的第四屆世界詩人大會，代表中國朗誦發表作品「麥堅利堡」。四十多個國家，每一個國定派一位詩人代表。

□擔任大專院校文藝夏令營指導老師及詩講座。

□擔任軍中文藝金像獎決審委員。

□擔任中國文藝協會文藝評論委員會副主任委員。

□師大英語系研討「羅門創作世界」，由林綠與陳慧樺兩位教授主持。

民國六十九年（一九八〇年）

□第五本詩集「曠野」由時報文化出版公司出版。

□作品選入美國 DELORA MEMORIAL FUND 基金會出版的「世界詩選（WORLD ANTHOLOGY)」。

□作品選入瘂弦主編的「當代中國文學大系」（天視出版公司出版）。

□擔任大專院校文藝夏令營指導老師。

□擔任軍中文藝金像獎決審委員。

□應邀參加民生畫廊舉辦的畢加索座談會，到場有國內著名畫家與藝評家多人。

□臺北醫學院螢星詩社集體討論「羅門作品」

民國七十年（一九八一年）

□作品選入「中國當代新詩大展」。

□應邀參加第五屆全國比較文學會議，發表論文「我與西方文學的關係」，刊登於中外文學。

□與蓉子參加第一屆國際雷射藝術景觀展，以詩、雕塑、音樂與雷射綜合演出，並發表論文於「臺灣新聞報」副刊及中國時報藝術版。

□應邀參加「東方」「五月」畫會廿五年回顧展座談會，並發表論文於民族晚報。

□擔任高雄師院文學獎決審委員。

□擔任新詩學會詩獎決審委員。

□陽光詩社夏季號以三十多頁刊出「羅門與蓉子的詩情世界」專集。

□參加陽光詩社與德華出版社學辦的「詩與民歌之夜」。

□羅門論文選集「時空的回聲」由德華出版社出版。

□擔任北師（女）文學獎詩獎決審委員。

□應聘爲臺中文化基金會主辦的文學講座，擔任詩講座。

民國七十一年（一九八二年）

□論文選入蕭蕭主編的「現代詩入門」選集（爾雅出版社出版）。

□作品選入爾雅出版的「情詩一百」選集。

□作品選入林明德主編的「中國詩選」（長安出版社出版）。

□作品選入德華出版的「中國當代散文大展」選集。

□以詩配合雕塑家何恒雄的雕塑，碑刻入臺北新生公園，是現代詩首次發表在國家土地上。

□應聘擔任南區大專文藝營詩講座。

□擔任國軍文藝金像獎決審委員。

□擔任中國新詩學會詩歌評論委員會副主任委員。

□擔任中國文協詩歌研習會講座。

□擔任新詩學會詩人節全國詩獎決審委員。

□擔任市政專科學校詩指導老師。

□擔任私立國學院現代詩專題講座一學期。

□擔任成功大學鳳凰樹文學獎決審委員。

□擔任清華大學詩獎決審委員。

□同蓉子飛往澎湖主持當地文藝營。

民國七十二年（一九八三年）

□作品選入爾雅出版社出版的「七十一年詩選」。

□作品選入齊邦媛主編的「中國現代文學選集」（爾雅出版社出版）。

□應邀往東部地區巡迴演講與座談。

□擔任師範大學首屆文學獎決審委員。

□擔任中興大學文學獎決審委員。

□擔任軍中文藝金像獎決審委員。

□擔任國學院現代詩專題講座一學期。

□擔任東海大學文學院與文建會主辦文學研習班講座。

□擔任中國新詩會學詩人節全國詩獎決審委員。

□應邀往輔仁大學外文系週會專題演講。

□應邀擔任中國雷射協會發起人。

□策劃由二十多個文藝團體舉行的「詩人覃子豪逝世廿週年」，並促使覃子豪先生銅像落成。

□應聘爲全國首屆戶外藝展顧問團副主席，並構想用「藝術造一條路」以帶動觀衆參加，形成卽興與行動化藝術的演出。

□作品選入爾雅出版的「七十二年詩選」。

民國七十三年（一九八四年）

□應邀擔任文建會與東大文學院主辦之文學研習班講座。

□爲享譽國際名畫家林壽宇第二次展出寫評介序文於目錄畫册。

□「羅門（編年）詩選」由洪範出版社出版。

□擔任臺灣大學「中外文學」首屆詩獎決審委員（其他兩位評審是詩人楊牧及瘂弦）。

□五四文藝節，應中視、應中廣與國家文藝基金會之邀，往高雄文化中心講授現代詩。

□擔任師大文學獎決審委員。

□擔任成功大學詩獎決審委員，並予評審會過後，在該校舉行一場現代詩專題演講。

□五月廿八日到六月二日，應文建會與青年寫作協會邀請參加全國性南部地區的巡迴演講。

□接受香港大學應邀赴港做三場演講，由黃德偉教授接待。並在中大文藝班與余光中、黃維樑主持現代詩座談。香港大學圖書館第一位設置「中國當代詩人羅門資料專櫃」。

□應邀參加國內雕塑家楊英風、何恒雄與尖端科學家胡錦標博士、張榮森博士等所舉辦的國內首屆科藝展，並爲展出寫「光」的主題詩與感言，發表於商工日報。

□擔任軍中文藝金像獎決審委員。

□擔任耕莘文教院文藝創作班詩組導師。

民國七十四年（一九八五年）

□擔任國家文藝獎詩獎評審委員。

□作品選入爾雅出版社出版的「七十三年詩選」。

□以詩人身份，參加由國內著名藝術家楊英風、何恒雄與國家光電尖端科學家張榮森，在臺北市立美術館舉行的首屆雷射藝展。除寫兩首序詩，配合雷射演出，並參加座談會與排有一場專題演講。講題是「追踪美——詩眼中的視覺藝術世界」。

□爲國際知名藝術家林壽宇所領導的國內前衛青年畫家在春之藝廊展出的「超度空間」展目錄畫册寫序言。

□爲國內著名現代畫家莊普畫展目錄畫册寫序言。爲獲臺北市立美術館首屆抽象畫大賽首獎畫家張永村的獲獎作品寫評論文章。

□應臺北市立美術館邀請參加「中國現代繪畫回顧展」籌辦座談會。

□應嘉義市藝術季邀請前往做詩的專題演講。

□應救國團邀請赴中部地區巡廻演講，以及擔任暑期中小學老師文藝營講座。

□應聘爲文建會與國立高雄師範學院主辦的文學研習班詩組講座。

□擔任市立圖書館文藝班詩組講座。

□擔任淡江大學開辦的「藝術欣賞課程」講座。

□擔任中原大學理工學院通識課程「藝術與人生」講座。

□擔任聯合報全國巡廻文藝營詩組講座。

□與蓉子被列入林明暉教授在美出版社的英文版「中國當代詩評論集（ESSAYS ON COMTEMPORARY CHINESE POETRY）」這爲第一本英文版中國當代詩人評論專集，其中評論九位重要詩人。（除羅門蓉子外，尙有紀弦、金光中、周夢蝶、葉維廉、鄭愁予瘂弦與吳昊等）該書係由美國 OHIO 大學出版。

民國七十五年（一九八六年）

□任國家文藝獎評審委員。

□作品選入爾雅出版社出版的「七十四年詩選」。

□作品選入前衞出版社出版的「一九八五年詩選」。

□「時空的回聲」論文集，由傳燈出版社再版。

□應聘擔任中原理工大學「藝術與人生」通識課程講座。

□應邀擔任師大、東吳大學、臺北工專、臺北市立圖書館等現代詩獎決審委員。

□應聘擔任淡江大學「藝術與人生」課程講座。

□應聘擔任文建會與國立高雄師院合辦的「文學研習班」詩講座。

□應邀與雕塑家何恒雄教授、光電科學家張榮森博士爲配合國科會在世貿大樓的光電展示會，擧辦詩、雕塑與雷射多元媒體演出。

□擔任詩人余光中新書——「紫荆賦」出版發表會講評人。

□擔任東吳大學與交通大學「文學系列演講」週以及全國大專院校文藝營詩講座。

□名列新聞局委托漢光出版社出版的英文版「中國名人錄」。

民國七十六年（一九八七年）

□作品選入爾雅出版社出版的「七十五年詩選」。

□作品選入張錯教授主編的英文詩選。

□作品選入韓國湖西文學（一九八七年）「中國現代代表詩人五人選」特輯。

□作品選入詩人林燿德主編的首次「中國現代海洋詩選」。

□應聘擔任師範大學、東吳大學、民權商專等文學獎決審委員。

□應聘擔任師範大學文學院與文建會舉辦的文藝創作班講座。

□編列入丁平教授主編的「中國現代文學作家論」，并用做他文藝班的教材。

□東海大學首開的現代詩課程，四年級畢業班六位同學，在學期論文中寫成近四萬字「討論羅門的創作世界」。

□屏東師專十位同學，以「現代詩的守護神」爲題，集體討論羅門的創作世界，寫成一萬餘字的評介文字。

□羅門接受世新電臺的專訪，分四週四次播出，接受「明日世界」與「第一家庭」十一月號的訪問介紹。

□羅門多年前以裝置藝術觀念，將整座「燈屋」生活空間，形成一件藝術作品被視爲一首視覺詩，除國內知名詩人藝術家學者的光臨，國際著名的眼鏡蛇（COBRA）理論家與畫家也曾造訪燈屋。不少報章雜誌曾予以報導。

□應邀與雕塑家楊英風、何恒雄以及雷射藝術張榮森博士前往省立美術館籌備開館舉辦多元化媒體藝術表現。

□應愛力根畫廊及亞洲藝術中心邀請講詩與藝術。

□應邀往淡江大學、逢甲大學、世新以及青協與高雄市政府舉辦的全島性文藝活動等做多次詩的專題演講。

□刊登詩與藝術的「心臟」詩刊十二期以三十餘頁專訪羅門的創作世界。爲配合朱沈多等詩人在高雄文化中心舉行視覺詩展，應邀在朱沈多文藝班演講「詩與視覺藝術」。

□詩人節獲教育部長頒發詩教獎。

□名列一九八六年中華民國年鑑「中國名人錄」（英文版，新聞局委託漢光出版社出版）。

民國七十七年（一九八八年）

□羅門新著「整個世界停止呼吸在起跑線上」由光復出版社出版。

□創作月刊二五四期六月份以二十餘頁專訪羅門與蓉子；以「中國勃朗寧」爲題，並同時介紹英國羅伯特·勃朗寧的部份創作與生活資料。

□第一屆文學鑑賞研習營，於五月十日至十四日舉行，被研討的作家計有詩人楊牧、羅門、林亨泰、林燿德、羅智成、小說家王文興、司馬中原、黃凡、張愛玲、散文家琦君等。羅門並應邀在研習營詩組講演現代詩。

□四月三十日羅門與散文家亮軒赴新竹市演講。

□五月七日羅門與評論家鄭明娳教授，往宜蘭市演講。

□五月十八日羅門應邀往苗栗工專演講。

□臺北評論第五期，林燿德以「第三自然螺旋型世界」訪問詩人羅門。

□六月份羅門的「燈屋」生活空間，曾相繼接受華視、時報週刊、儂儂雜誌的拍影訪問。

□羅門新書出版，接受市政電臺宋英小姐訪問一小時，並由宋小姐朗誦「遙望廣九鐵路」。

□羅門六月十日應高雄社教館學辦的文藝系列前往講詩。

□五月份羅門與楊昌年教授，詩人瘂弦擔任師大文學獎詩組決審委員。

□羅門繼數年前配合名雕塑家何恒雄教授的雕塑，將「花之手」一詩碑刻入臺北市新生公園，近又以「宇宙大門」一詩，配合獅子會捐助二百五十萬給何教授在臺北市立動物園塑造的巨型雕塑，碑刻在動物園門口（此詩由前文建會主任委員陳奇祿先生書寫），爲羅門詩作也是中國現代詩第二次發表在中國土地上。

□臺北市立美術館七月份開始學辦一系列的「文學與藝術」講座，按邀請秩序請有詩人羅門、學者林明德、顏焜陽教授、詩人瘂弦、學者黃永武教授等人主講。

□擁有廣大發行網，專報導文藝資訊的「出版眼」雜誌，二十期以封面人物介紹羅門與蓉子。

□臺灣省文藝作家協會分會於七月份學辦的現代詩創作與發展研討會，羅門除應邀參加林亨泰、林燿德、渡也、孟梵等詩人座談會外，尙排有專題演講。

□新聞局出版的光華雜誌，七月份介紹羅門及其作品。

□最近由高雄市社教館出版的全國人體畫册，分別請詩人羅門、畫家鄭善禧與陳景容兩位教授寫序文。

□爲溶合科技與藝術的功能，羅門應邀參與由名雕塑家楊英風、何恒雄以及光電科學家胡錦標博士、張榮森博士等在九月下旬學辦光電藝術展。

□羅門論文「架構詩世界的巨柱」被遼寧瀋陽於一九八八年出版的「當代詩歌」轉載。

□羅門應邀往聯合報與聯合文學主辦的文藝營講「現代詩的趨向與未來的發展」。

□爲紀念羅門蓉子結婚三十三週年與蓉子獲得國家文藝獎，殿堂出版社在九月初出版羅門蓉子具紀念性的短詩選集。

□羅門應光復出版社策劃人與臺北評論總編輯羅青之邀，於二月上旬，在贊助作家獎得主的頒獎典禮上致詞。

□羅門爲三月份舉行「三人行」展的三位名畫家劉奇偉、李德與朱沈冬等所出版的畫展畫册寫序言。

□羅門十一月份應邀往世新文學周舉行一場詩與藝術的專題演講；並同詩人余光中、瘂弦、夐虹擔任東吳大學文學獎評審委員。

□目前唯一同時刊登「詩」與「藝術」的刊物——「心臟詩刊」以三十餘頁訪問羅門，談十多個有關詩與藝術的創作觀念與經驗問題。

□詩人林燿德主編的第一套海洋文學選集，詩選集由羅門寫序，小說選集由司馬中原寫序，散文選集由張拓蕪寫序。

□羅門「整個世界停止呼吸在起跑線上」獲七十七年度中國時報新詩推薦獎。

□羅門與詩人林燿德應港大教授黃德偉博士接洽與安排，以純文藝的構想，應邀往大陸、廣州、上海、北京、厦門等著名大學、社會科學院、中國文聯、中國作協、中國現代文學館、港臺文學研究所、詩刊編輯部、上海文論以及大學中文系、中文研究所等學術機構與文藝團體，進行近三十場演講與座談，可說是相當具規模與有收穫的一次大陸詩的文學之旅。

詩人羅門與林燿德在這次大陸詩的文學之旅中，曾看到艾青、馮至、卞之琳、施蟄存、謝冕、袁可嘉、高瑛、羅洛、晏明以及不少著名學者作家與批評家。

□羅門的著作，在海南島、廣州、上海與北平，已有多位知名學者與評論家在著手研討與寫評論中。

□羅門創作世界，被中國當代文學研究會臺灣文學研究部負責人古繼堂教授以「靜聽那心底的旋律」爲題寫了萬餘字的評介文章，在最後結論中，古繼堂教授說：「從作品看，羅門是臺灣現代派詩人中，最能和現實結合的詩人。他的作品的意義和他的詩的成就，在一般的現代派詩人之上，即使在被稱爲臺灣現代派的十大詩人中，他也名列前茅。羅門寫的大量優秀的城市詩，奠定了他臺灣城市詩人的基礎，爲他贏來了都市詩人的桂冠。也使臺灣有了專門描寫都市的『都市詩』新品種。」

□厦門大學中文系教授俞兆平在「詩歌流派的觀察視角」論文中，評論羅門的作品「流浪人」；又該校臺灣研究所文學研究員徐學教授，在福州十一月間召開的文學研討會上，也在論文中，將羅門的作品「流浪人」提出來討論。

□十月二十四日海南日報以整版刊登羅門七首詩作與羅門小傳，以及由作家鹿翎以「二十世紀末的東方騎士」爲題，寫了將近三千字的評介文章，又該報曾於十月二十與二十五日，以第一版新聞，報導羅門的動態。

□羅門擔任文建會與師大學辦的文藝創作研習班詩組講座之餘，並於元月上旬應邀擔任該班在石門水庫學辦的文藝營詩組隨營指導老師。同時在元月初，曾與小說家朱西寧、散文家陳幸蕙，應邀擔任大專青年在陽明山學行的文學之旅指導老師，並與陳幸蕙在攝氏十度下冒著風雨與同學們登臨七星山，實踐一次所謂的「行動文學」。

□羅門與蓉子一月下旬應菲華文協邀請赴菲做四場詩的專題演講。第一場蓉子主講「詩的感情世界」：

第二場羅門主講「詩的轉化與造型能力」（兼談詩語言運作的十二種類型與活動空間）（均在菲華商總）；第三場蓉子主講「一首詩的誕生」；第四場羅門主講「詩與藝術的世界」（均在中正學院）四場講演，聽衆相當踴躍。

□羅門、蓉子兩人此次應邀赴菲演講，除接受文藝界友好熱情的款待外。菲華中文報（聯合日報與環球日報）曾三次以第一版新聞，詳加報導他們的消息，並有四次專欄介紹以及多次在各版刊載他們的詩作、詩論、評介與講稿等，可謂是一次相當緊湊和十分愉快的「詩之旅」。

□作品選入爾雅出版社出版的「七十六年詩選」。

□名列一九八八年中華民國年鑑「中國名人錄」。（英文版新聞局委託漢光出版社出版）

民國七十八年（一九八九年）

□羅門第五本論文集「詩眼看世界」，在六月八日詩人節，由師大書苑出版。收集羅門近年來論作三十多篇，厚達四百頁。封面由超度空間前衛畫家張永村設計。

□香港出版的《文學世界》第五期，分別以〈詩壇泰斗——艾菁〉與〈現代詩的守護神——羅門〉，製作艾菁與羅門的專輯。

□羅門《詩眼看世界》被列入聯合報學辦的「質」的排行榜；有位讀者購閱該書來信說，只讀該書中「羅門的詩話」就够本了。

□羅門十一月間曾應邀擔任東吳大學文學獎詩項目決審委員；以及擔任臺北市政府教育局舉辦詩歌朗誦比賽決審委員；並應邀往實踐專校演講現代詩的創作。

□羅門十一月十九日應邀往高雄代爲頒發《心臟詩刊》社詩獎，並在頒獎典禮上致詞。

□羅門的燈屋——藝術造型空間，曾被詩人張國治以〈詩與燈光的生活空間〉爲題，報導於環球日報的「探索」專欄。

□羅門創作世界，被上海工業大學中文教研室主任王振科教授以〈超越與回歸：從心靈到現實——對羅門都市詩的再認識〉與〈寫不盡的鄉愁——讀羅門的思鄉詩〉爲題寫了兩篇評論文章。

□羅門詩的創作世界，由大陸學者廣州暨南大學潘亞暾教授，以「向心靈世界掘進」爲題，寫了將近六千字的評介論文，發表在二月分的「國文天地」。

□羅門蓉子結婚三十三週年紀念，「心臟詩刊」，以三十頁刊出紀念專輯，其中登有作家素之寫的祝詞以及羅門蓉子的詩作、生活照片以及創作歷程與簡介。

□羅門四月與五月間曾往高雄、左營、雲林等地對愛好文藝的青年，做了三場演講與座談。

□五月二十四日應中山大學外文系與文社邀請到該校做一場詩與藝術的演講，講前由文學院院長余光中教授做簡短介紹，講後由外文系主任蘇其康教授對同學做講後感，接著由羅門回答同學提出的多項問題。

□羅門邀請擔任師大本年度師鐸獎評審委員，其他兩位是楊昌年教授與瘂弦。又星馬文學獎也聘請羅門當評審，其他兩位評審是余光中教授與詩人林燿德。

□羅門元月間，曾應作家聯誼會分會長吳東權邀請進行一場返鄉探親與巡迴演講的心得演講。

□羅門元月分曾應交通大學通識課程策劃主持人張靄珠教授邀請前往該校舉行一場「詩」與「藝術」方面的演講。

□羅門二月十四日曾同林明德教授應邀往文建會舉辦的文學研習會，擔任現代詩的研討指導。

□羅門元月下旬曾同鄭明娳教授、簡政珍教核與作家簡貞女士，應邀擔任「詩」與「散文」研習班的研習指導。

□羅門六月中旬曾與散文家亮軒帶領一羣文藝青年往日月潭進行「靜」與「動」的文學之旅，事後多位文友曾專程由臺中到臺北羅門燈屋來做專訪。

□羅門六月間應邀擔任文建會與實踐家專學辦的文藝研習會詩歌組講座。

□羅門七月間擔任中國新詩學會舉辦的大專詩創作比賽決審委員。

□羅門八月間赴港澳旅遊，應香港詩人協會宴請，於餐會上發表近一小時的「詩」的談話，由丁平先生主持，與會者有十多位文藝人士，會後由羅章蘭女士駛車前往觀海。

□青協與文建會學辦的第二屆文學鑑賞研習營，詩的研討部分，分別由學者與批評家研討人余光中、羅門、洛夫、瘂弦與白萩的五本詩集。

□市立美術館出版的美術論叢《文學與藝術》，選有羅門的〈藝術家如何抓住美的轉化與造型能力〉，該文爲羅門在市立美術館的演講稿。

□羅門作品「巴士上的悲劇」與蓉子作品「我打季節走過」由榮之穎博士英譯，轉載在意大利出版的「NEW EUROPE（新歐洲）雜誌」第八期，並附有羅門蓉子的生活照片，該雜誌是一本以報導文學藝術科學爲主的刊物。

□國立交通大學三月到五月間舉辦的「文學與社會」系列專題講演，邀請有詩人羅門以及作家王文興、陳映眞、高信疆、李濤、馬以工、楊憲宏、詹宏志等做多面性的講演，聽衆相當踴躍。

□作品選入爾雅出版社出版「七十七年詩選」。

□名列一九八九年中華民國年鑑「中國名人錄」（英文版新聞局委託漢光出版社出版）。

民國七十九年（一九九〇年）

□羅門的新詩集《有一條永遠的路》出版。

□羅門那曾被譽爲現代史詩的經典之作〈時空奏鳴曲——遙望廣九鐵路〉，被安徽文學院院長公劉先生轉載在黑龍江省的《詩林》雜誌。

□中國新詩學會最近舉辦兩次詩的專題研討，第一次由名評論家蔡源煌教授講「晚近詩風的演變」，第二次由詩人羅門講「都市詩的創作世界」。

□羅門六十三年（一九七四年）提出一己的創作理念〈第三自然〉的理論文章，名評論家蔡源煌教授最近曾在詩學研討會論文〈晚近的詩風變化〉中，指它是羅門從個人精神境界所形成一己的創作體系。

□曾任晨光詩社社長現任教實踐專校目前將出國深造的詩人葉立誠，他以〈詩壇五巨柱〉爲題，評介詩人羅門、余光中、楊牧、洛夫與鄭愁予五位詩人。

□國內巨型生活雜誌「新潮《NEW WAYE》元月分十二期，介紹國內外名設計師設計的「燈」型專輯，其中以〈超越時空的光彩空間〉爲題與較大的篇幅，實地介紹羅門「燈屋」詩與藝術生活的造型空間。

□《文學世界》第八期〈名家近作〉專欄，除發表羅門的近作，尙有大陸詩人辛笛、王蒙與沙鷗等三家的作品。

□大陸評論家古清遠教授以〈刻劃都市人生的聖手〉爲題，評介羅門的作品。

□羅門爲名旅行家馬中欣的《黑海歷險》再版暢銷書寫序；爲女詩人白靈的詩集《白衣手記》寫序。

□羅門〈談創作批評的基本論點〉一文轉載在馬來亞出版的《蕉風》四三二期文學刊物。

□羅門十一月間曾應邀擔任東吳大學文學獎詩項自決審委員；以及擔任臺北市政府教育局舉辦詩歌朗誦比賽決審委員；並應邀往實踐專校演講現代詩的創作。

□作品選入爾雅「七十八年詩選」。

□青年寫作協會改選理監事，詩人羅門膺選值年常務監事。

□由女詩人陳敬容主編的《中外現代抒情名詩鑑賞辭典》已在北京出版，臺灣詩人作品入選的有余光中、羅門、蓉子、洛夫、瘂弦、等多家。

□海南省首次出版的《海外瓊人詩選》，共收輯臺灣、香港、新加坡、馬來西亞、泰國、美國、法國、英國等地區瓊籍詩人作家三百多首詩。臺灣部分，選有羅門、林綠、王祿松三位詩人的詩，全集近三百頁。

□羅門四月間，曾應邀往中部舉辦的電影文藝營，主講十部國際名片中的一部「雷恩的女兒」。

□羅門四月間，曾應文協邀請往新竹地區舉辦的大專與社會青年文藝研習會，擔任詩與散文講座。

□海南日報的「世界人物」版，於五月十三日以〈瓊籍臺灣著名詩人——羅門〉爲題，介紹羅門，由海南文聯副主席朱逸輝先生執筆；又海南《詩文學報》主編鄺海星先生在該報以〈意象形變的魅力〉爲題，評介羅門的〈流浪人〉。

□臺北市美術館在二十九期《現代美術專刊》對中國現代畫發展中的「五月」與「東方」兩大畫會，予以歷史性的定位與很高的評價，並特別指出現代詩對現代畫有相當大的影響力，例舉如藍星詩社的余光中與羅門對「五月」的大力支持；創世紀詩社的楚戈、辛鬱與羅馬對「東方」的大力支持。

□羅門八月下旬曾接受一家文化傳播機構，以TV拍攝製作「詩人創作世界」的專輯；並隨同該機構的TV拍攝小組，專程飛往馬尼拉拍攝寫在二十多年前曾獲菲總統金牌詩獎的「麥堅利堡」詩中的「麥堅利堡」現場景觀。

□羅門八月份曾應邀參加卞之琳全集出版，在北京召開的學術研討會，以及在韓國舉行的世界詩人大會，均安排有半小時演講，但因故均未克參加，至於卞之琳先生已出版的個人作品評論選集中，共收有臺灣三位詩人的論文，除羅門外，尚有詩人余光中與洛夫。

□羅門最近應聘擔任文建會與文協舉辦的文學研習會詩班班主任（時間自七月底到十一月，共十八週）。

□羅門應聘為青協與中時文化出版公司合辦的『八〇年代臺灣文學研討會』詩論文研討會的主持人之一。

□羅門應聘同詩人洛夫與港大黃德偉教授擔任傳家銘基金會舉辦的詩獎評審委員。

□羅門七月底應聘擔任新竹地區舉辦的暑假文藝營講座，講「詩與電影」，並播放電影，加以講評，同時應高雄「藝術茶坊」舉行的文藝系列，邀請南下講「生命美感空間的拓展」；以及八月底擔任聯合文學在成大舉辦的文藝營講座，講「詩的創作經驗」。

□羅門的新詩集「有一條永遠的路」繼去年出版的論文集「詩眼看世界」進入「貭」的排行榜之後也於今年列入「貭」的排行榜。

□羅門的「燈屋藝術生活造型空間」，於七月、八月，分別由「家居生活」與「薇薇」兩本著名的生活雜誌刊登介紹。

民國八〇年（一九九一年）

□名列「中華民國現代名人錄」（中國傳記中心出版）。

□羅門的詩作「麥堅利堡」，最近在港大由黃德偉教授指導的多位研究生，在班上熱烈的討論。

□羅門一九七四年提出的「第三自然」創作理念，海南大學文學院周偉民院長，最近在他的評論文章中，曾就蘇聯文學家高爾基一九二八年提出的相關「第三自然」觀點與大陸公木一九八一年提出的「第三自然」觀點，三者分別作了扼要的闡述與評介。

□羅門以都市文明爲主題的詩作，大陸古遠清教授寫了一篇『都市人深重孤寂感的生動展示——羅門三首詩賞析』的評文。

□羅門十一月間，曾應邀同吳宏一教授，詩人林亨泰擔任東吳大學雙溪文學獎評審委員。

□羅門「燈屋」生活造型空間，被『儂儂』大型生活雜誌十一月號採訪報導。

□評介羅門的第一本專論「羅門論」，由師苑出版社二月間出版，該書由名詩人兼批評家林燿德執筆。

□作品選入爾雅「七十九年詩選」。

□「羅門、蓉子創作世界評介」論著，已由文史哲出版社於三月初出版，該書由海南大學文學院院長周偉民與其夫人唐玲玲教授合著，先後化了將近兩年時間。

□羅門於四月二十一日，曾應邀參加中華民國美國文學研究學會主辦的文學會議，在演講系列的詩講題方面，以「後現代可能出現的盲點」爲題，發表二十分鐘的演講，由林耀福教授主持，應邀演講的尚有羅青教授與鍾玲教授。

□羅門四、五月間，曾先後擔任中原理工大學，中山大學師範大學詩獎評審，以及六月初擔任教育部實助新詩學會舉辦的全國傑出青年詩獎評審。

□羅門曾於四月間，應邀參加由詩人林燿德策劃的「電影營」擔任講座，主講國內名片之一的「恐怖分子」。聽衆相當踴躍，又於五月初，應邀擔任東吳大學文藝社團學辦的文學系列演講；於五月下旬，曾應邀往丘海學會講詩與現代人生，由會長蘇雲峯教授主持。

□由大陸詩人柳易冰、趙國泰、谷末黃編選的「港澳臺獲獎詩人作品大觀」，先介紹羅門的「流浪人」和蓉子的「爲什麼向我索取形象」。

□羅門將過去寫有關「第三自然」理念的文章，經重新整理成「第三自然螺旋形架構」一文，長達貳萬多字，已收進陳慧樺與張錯兩位教授所彙編的論文集。

□羅門論文「架構詩世界的石柱」，收進鄭明娳教授與詩人林燿德主編的當代文學入門書時「代之風」。

□羅門寫「評介詩人馮至的『十四行集』」，發表於「詩雙月刊」在八月間推出的馮至專輯。評介「艾菁詩的創作世界」一文，也於八月間北京召開的艾菁創作研討會中，由大會請專人宣讀。

□羅門的「麥堅利堡」詩作，海南開發報以特別欄轉載與評介。又大陸汪智教授最近寫了一篇「麥堅利堡」的論文：「悲憤的交響——讀羅門『麥堅利堡』」。

□羅門八月間曾擔任暑期復興文藝營講座，並爲一企業公司與名畫家所製作的生活藝術用具，配了十多首詩；爲名雕塑家何恆雄的雕塑展畫册寫序言；爲名旅行家馬中欣的攝影，配了近三十首詩；爲名畫家陳正雄畫册寫詩序。

□羅門應市立美術館邀請，於米羅大展期間（十月十九日），做一場專題演講，講題是「詩眼看米羅」，聽衆五百餘人，接著於十一月初應輔仁大學應用美術系邀請到該校演講，講題是「以詩與藝術追蹤

『美』」。

□羅門獲得本年度中山獎。

□由當代國內外包括學者、教授、詩人、作家等四十位評論者寫的五十多篇評論羅門的論文，由文史哲出版社結集，在十二月出版，這爲第三本專論羅門的書，厚達五百餘頁，近三十五萬字。

□由青協策畫的「當代臺灣通俗文學研討會」，十月二十七日舉行的「當代文學改編電影之探索」研討會，邀請羅門擔任主持人。

民國八十一年（一九九二年）

□名列「大美百科全書」（中文版，由光復出版社一九九二年出版）。

□「羅門詩選（洪範版）」由某機關團體購買仟餘册。」

□大陸學者汪智教授，以他在「羅門天下」論集中寫評羅門的論文，作爲申請教學升等的證明文件。

□羅門於二月間應邀到設在交通大學的青韻音樂營演講「詩與藝術的互動性」。

□羅門配合名雕塑家何恆雄教授的雕塑作品「智慧鳥」寫的詩，已連同雕塑，碑刻在彰化市區，這爲羅門的詩，第三次發表在土地上。落成典禮，羅門與何教授以貴賓身分參加，有來自日本、韓國香港等扶輪社人士近百人觀禮。

□羅門的「麥堅利堡」一詩，由大陸王春煜教授評介，編選入四川辭書出版社出版的「中國新詩名篇鑒賞辭典」。又羅門詩創作之外從事的論文創作，有古遠淸教授寫的評介文章「具有前衞性與創新性的現代精神意識——評羅門的詩論」，有周偉民教授寫的「羅門的兩個基本創作觀念——『第三自然』與『現代感』」以及兼寫理論的詩人劉菲在國際論壇報副刊發表的感評：「詩之外的羅門」。

□羅門藝術生活空間——燈屋，繼卅多種生活雜誌介紹之後於六月間接受「EPA環境雜誌」專訪。

□於今年五月在曼谷成立的「泰華文藝作家協會」，是第一個被泰國政府正式批准，合法公開成立的華僑文藝社團。羅門、蓉子應大會之邀專程前往作專題演講，並以貴賓身分參加當晚的聯歡餐會，到有會員與來賓近兩百人，情況十分熱烈。

□羅門五月底擔任由青協與千島詩社在馬尼拉舉辦的文藝營詩講座。

□羅門六月間與邱燮友教授、詩人白靈擔任師大師鐸獎評審委員。

□羅門評介詩人馮至的十四行詩的創作世界，長達六千字，發表六月號幼獅文藝。

□藍星《屈原》詩獎頒獎典禮於本年詩人節（六月五日）舉行。由本刊發行人詩人余光中主持，詩人羅門代表全體評委報告評審經過。並由文建會主委郭爲藩先生，臺大校長孫震先生，中央日報社長石永貴先生擔任頒獎人。

□上年度大陸花城出版社以「太陽與月亮」出版羅門蓉子的詩選合集。

□羅門蓉子八月底應邀赴美參加愛荷華大學舉辦的廿多國家國際作家寫作計劃（IOWA I·W·P）會議，曾擔任論文主講人；參加作品發表會，接受電視訪問。蓉子個人到俄亥俄大學與亞特蘭大大學讀詩與講詩，後又同羅門往水牛城紐約州立大學讀詩談詩。曾參觀農場工廠、不少大城市、以及拉斯維加賭城、尼瓜拉瀑布、大峽谷、密西比比河、芝加哥現代美術館、與世界藏名詩與手稿較多的水牛城詩圖書館，尚接受美中國建會IOWA州分會邀請在新舊會長選舉的盛大晚宴上，發表三十分鐘的演講，是一次相當愉快與有收獲的文藝之旅，並獲得IOWA大學頒贈IWP榮譽研究員證書。

□羅門同蓉子十二月上旬自美返國，於廿六日擔任青協主辦的「當代臺灣女性研討會」的一場主持人。

□作品選入爾雅「八十年詩選」。

民國八十二年（一九九三年）

□八月間海南大學舉辦「羅門蓉子文學創作世界」學術研討會（八月五日——八月十一日），來自美國、臺灣、香港、星馬、及大陸北京、上海、南京、廣州、廈門、武漢、安徽等地學者作家共五十餘人，提出研究羅門蓉子的論文有三十篇之多，爲大陸學辦海外作家研討會最具規模的一次。

□羅門與蓉子名列「世界華人文化著名文人傳略」。

□「羅門詩選」（大陸版），由北京友誼出版社出版，主編的系列詩選中於七月間出版。

□羅門詩作選入現代詩社主編的「八十一年度詩選」。

□羅門被邀請列入英國劍橋國際傳記中心（ＩＢＣ）出版的第一本「五百位世界名人錄」（將以一頁照片、一千字評介刊出）。

□羅門第一本散文集由文史哲出版社於年底出版。

□羅門新詩集「誰能買下那條天地線」由文史哲出版社於年底出版。

□羅門名列「臺灣新文學理論批評史」（瀋陽春風出版社一九九三年）

民國八十三年（一九九四）

□羅門應邀擔任「當代臺灣政治文學研討會」主持人（青年寫作協會主辦，一九九四年元月二日）

□「羅門詩一百首賞析」（朱徽教授著）由臺北文史哲出版社出版。

□「羅門蓉子文學世界學術研討會」論文集由臺北文史哲出版社出版。

□「羅門詩精選百首賞析」（朱徽教授著）由四川文藝出版社、四川大學、四川作家協會、四川企業文化促進會於七月六日舉行首發式，羅門蓉子應邀出席，到場的有學者教授、批評家與當地老、中、青著名詩人等近百人，羅門蓉子並做專題演講，次日又應邀往川大演講並接受電視訪問與朗誦作品，此外，參觀杜甫草堂，造訪羅門十二歲進空軍幼年學校的校址─灌縣蒲陽場。接著於七月九日飛重慶，接受詩界與文藝界人士午宴，並做講演與座談，七月九日乘渡輪開始三峽五日遊。

□爲國內外名畫家陳正雄在北京、上海兩地開的巨型畫展寫畫冊序言，於六月廿四日同蓉子應邀出席在北京美術館舉行的畫展酒會，羅門特邀在酒會上發表評介談話，到場的有大陸前文化部長王蒙、現文化副部長劉德有以及北京美術界知名人士近百餘人，廿六日羅門與畫家陳正雄應邀往北京美術學院演講，並在北京美術館，同當地美術界人士舉行公開談論會，羅門講題是「現代抽象繪畫與現代詩」，於七月十五日在上海美術館展覽酒會，羅門同樣特邀在會上發表評介談話，並同畫家陳正雄在該館進行一場公開的演講會。

□六月廿五日，羅門、蓉子以詩人身份應邀參加中國文化研究所所長劉夢溪教授在北京主辦的中印文學學術會議，到場的有知名大陸學者季羨林、樂黛雲、李澤厚、周偉民夫婦……等，以及多位印度代表，其中有兩位事先認識我們，並要求大會特別安排時間同我們晤談，我們並介紹在北京開畫展的名畫家陳正雄給他們認識，次日由名作家陳祖芬女士陪同我們往訪高齡作家冰心。

□七月一日羅門、蓉子應邀由北京飛西安，在西北大學舉行詩的演講會，値期終考，但聽衆至爲踴躍，窗外也站有同學，在西安五天內，分別接受西大校長、西安外國語學院院長以及西大國際文化交流學院院長的宴請，此外西北大學尙派專車，邀遊西安文化古蹟名勝，同行的尙有周偉民、唐玲玲賢伉儷。

□臺北市立美術館爲回顧臺灣「多元媒體藝術」發展製作專輯，羅門特邀爲第一位受訪者，受訪內容寫成專文近一萬字，收於該館「現代美術」雙月刊（一九九四年四月五日）53期。

□臺北市立美術館爲配合普普藝術（POP-ART）大師安迪．沃荷（ANDY WARHOL）在該館展出，製作評論專輯，羅門特邀爲四位撰稿作者之一，以「普普藝術潛在思想的探索與反思」爲題，發表論文於該館「現代美術」雙月刊（一九九四年十月十一日）56期，文長近五千字。

□臺北市立美術館與自由時報基金會舉辦的「後現代美學生活」演講系列，羅門以詩人身份應邀爲主講人之一（十二月三日），講稿近萬字。該館日後將把所有主講人講稿，彙編專書出版。

□青年寫作協會主辦的臺灣首屆「都市文學研討會」羅門應邀參加，發表近萬字論文「都市與都市詩」（十二月廿六日），又林綠教授也提論文「文明與都市詩——評羅門都市詩」（十二月廿七日），本次發表的十多篇論文，將由時報文化公司出版專書。

□羅門．蓉子名列臺港澳海外華文新詩大辭典（瀋陽出版社一九九四年）。

□本年內曾同蓉子返大陸，乘蓉子返家鄉探親前三天，在南京同遊中山陵、玄武湖、長江大橋等名勝。

□羅門蓉子作品選入由北京人民文學出版社出版的「一九九〇——一九九二 三年詩選」集。